LÜBECK
Siems-Dänischburg
49
Bargerbrück
Gothmund
47
Stockelsdorf
Vorwerk
St. Gertrud
46
45
Krempelsdorf
Marli
St. Lorenz
Innenstadt
40
39
41
Brandenbaum
Buntekuh
42
43
St. Jürgen
44
Wakenitz
Moisling
48
Rothebeck
Fehmarn
Burg
207
35
Großenbrode
202
Eutin
31
Neustadt
36
37
Lübecker Bucht
Neustädter Bucht
76
Travemünde
52
53
Bad
38
75
51
Lübeck
104
105
MECKLENBURG-
VORPOMMERN
20
50
207
0
10
20 km
N

Legende für die Ortseinträge

Nummer in der Karte Gebäude / Ort
Architekt / Planungsbehörde
Bau- / Nutzungsjahr
Adresse
ggf. Öffnungszeiten

Die Deutsche Nationalbibliothek verzeichnet diese Publikation in der Deutschen Nationalbibliografie; detaillierte bibliografische Daten sind im Internet über www.dnb.de abrufbar.

4., aktualisierte Auflage, April 2014

Schönhauser Allee 36, 10435 Berlin, Tel.: (030) 44 02 32-0
www.christoph-links-verlag.de; mail@christoph-links-verlag.de
Umschlaggestaltung vorn unter Verwendung eines Fotos vom Stapellauf des Flugzeugträgers »Graf Zeppelin«, 1938 (Bundesarchiv 134-C0637); hinten: Historisch-Technisches Museum Peenemünde, 2011 (Martin Kaule)
Druck und Bindung: Kessler Druck + Medien GmbH, Bobingen

ISBN 978-3-86153-611-6

Martin Kaule

OSTSEEKÜSTE 1933–1945

Mit Polen und Baltikum

Der historische Reiseführer

Ch. Links Verlag, Berlin

Ch. Links

WESTLICHE OSTSEEKÜSTE

Flensburg, Eckernförde, Kiel, Neustadt, Lübeck

REGION FLENSBURG

Mit der »Machtergreifung« der Nationalsozialisten im Januar 1933 und der forcierten Aufrüstung in den folgenden Jahren nahm die Bedeutung Flensburgs als Marinestützpunkt und Garnisonsstadt zu. Während des Kriegs richteten alliierte Luftbombardements in der Stadt vereinzelt Schäden an. Im Mai 1945 befand sich in Flensburg für einige Wochen der Sitz der letzten Regierung des »Dritten Reiches«. Nach dem Zweiten Weltkrieg galt Flensburg durch den Zuzug von Vertriebenen einige Zeit als Großstadt, da die Einwohnerzahl 100 000 überstieg.

1 Marineschule Mürwik

Erbaut 1907–1910
Kelmstraße 14
24944 Flensburg

Marinesportschule Mürwik – Sitz der letzten Reichsregierung

Flensburg-Mürwik liegt an der Flensburger Förde, nur wenige Kilometer von der Innenstadt entfernt. In Mürwik wurde zwischen 1907 und 1910 nach dem Vorbild der Marienburg in Westpreußen durch Baurat Adalbert Kelm die Akademie der Kaiserlichen Marine erbaut. Aufgrund des verwendeten roten Backsteins hieß die Marineschule Mürwik im Volksmund »Rotes Schloss am Meer«, in der auch die Reichsmarine (ab 1935 Kriegsmarine) Offiziere zur See ausbildete.
Das repräsentative Areal wurde ab 1933 stark erweitert. Neben dem Ausbau des Hafens errichtete man dort eine Marinesportschule, neue Kasernenkomplexe, Wohn- und Barackenlager, mehrere Lehr- und Werkstattgebäude, ein Treibstoffdepot sowie zahlreiche kleine Bunker und Schutzstollen.
Im Stabsgebäude der 1936/37 erbauten Marinesportschule befand sich

Das ab 1907 erbaute Hauptgebäude der Marinesportschule Mürwik ▼

◄ Adolf Hitler weiht das Marine-Ehrenmal Laboe ein, 30. Mai 1936.

Karl Dönitz 1891–1980

Karl Dönitz und Adolf Hitler im »Führerbunker«, um 1945

Der 1891 in Berlin-Grünau geborene Karl Dönitz wurde 1910 Mitglied der Kaiserlichen Marine. Im Ersten Weltkrieg erhielt er mehrere Auszeichnungen. Während der Weimarer Republik machte Dönitz in der Reichsmarine Karriere und wurde 1928 zum Korvettenkapitän befördert. Ab 1935 wurde Dönitz mit dem Aufbau der neuen deutschen U-Boot-Waffe beauftragt und am 19. September 1939 zum Befehlshaber der Unterseeboote ernannt. Mit der von ihm entworfenen Taktik der U-Boot-Kriegsführung, alliierte Geleit- und Versorgungszüge in »Rudeln« anzugreifen, schadete er vor allem England, das stark auf den Nachschub über den Seeweg angewiesen war. Aufgrund seiner militärischen Verdienste ernannte Hitler Dönitz am 31. Januar 1943 zum Großadmiral und Oberbefehlshaber der deutschen Kriegsmarine. Nach dem Tod des »Führers« wurde Dönitz in den letzten Kriegstagen Reichspräsident und Oberbefehlshaber der Wehrmacht. In die Geschichte eingegangen ist Dönitz als derjenige, in dessen Auftrag Vertreter des Oberkommandos der Wehrmacht die bedingungslose Kapitulation des »Dritten Reichs« unterzeichneten.
Der internationale Gerichtshof in Nürnberg verurteilte Karl Dönitz zu zehn Jahren Haft in Berlin-Spandau. Nach seiner Haftzeit lebte Dönitz in Aumühle und starb dort am Weihnachtstag 1980.

vom 3. bis zum 23. Mai 1945 der Sitz der letzten Reichsregierung unter Großadmiral Karl Dönitz. Nach dem Selbstmord von Reichskanzler Adolf Hitler im »Führerbunker« in Berlin am 29. April 1945 wurde Dönitz gemäß Hitlers politischem Testament sein Nachfolger, erhielt den Titel »Reichspräsident« und wurde Oberbefehlshaber der Wehrmacht. Der Stab um Dönitz erreichte am 3. Mai 1945 Flensburg, das angesichts der vorrückenden alliierten Streitkräfte zum letzten Zufluchtsort der NS-Administration geworden war. Vom »Sonderbereich Mürwik« aus agierte nun die Regierung Dönitz, die im Ausland keine diplomatische Anerkennung fand.
Nach Erörterung der politischen und militärischen Lage sah Dönitz ein, dass eine Fortführung des Kriegs nicht mehr möglich war. Die Aufgabe der provisorisch gebildeten Regierung bestand jetzt darin, sowohl schnellstmöglich einen Waffenstillstand mit den Alliierten auszuhandeln als auch die Flucht vieler Soldaten und Zivilisten aus den deutschen Ostgebieten nach Deutschland sicherzustellen.

Mitglieder der Regierung Dönitz im Mai 1945

Leitender Reichsminister, Finanzminister und Außenminister:
Lutz von Schwerin-Krosigk

Wirtschaftsminister:
Albert Speer

Innen- und Kulturminister:
Wilhelm Stuckart

Ernährungs- und Landwirtschaftsminister:
Herbert Backe

Arbeitsminister:
Franz Seldte

Verkehrs- und Postminister:
Julius Heinrich Dorpmüller

Am 23. Mai 1945 nehmen britische Soldaten Mitglieder der letzten Reichsregierung fest. V. r. n. l.: Generaloberst Alfred Jodl (stellvertretender Chef des Oberkommandos der Wehrmacht), Karl Dönitz (Reichspräsident), Albert Speer (Reichswirtschaftsminister)

Bereits einen Tag nach der Ankunft in Flensburg vereinbarte eine Gruppe von Offizieren unter Admiral Hans-Georg von Friedeburg im Auftrag von Dönitz in Lüneburg eine Teilkapitulation für Nordwestdeutschland, die Niederlande, Dänemark und Norwegen, die am 5. Mai 1945 in Kraft trat. Mit der Unterzeichnung der bedingungslosen Kapitulation am 7. Mai 1945 in Reims sowie am 8. Mai 1945 in Berlin-Karlshorst war der Zweite Weltkrieg zu Ende. Gleichwohl tagte das Kabinett der Regierung Dönitz noch bis zum 22. Mai 1945.
Die Alliierten besetzten den »Sonderbereich Mürwik« erst am 23. Mai 1945, verhafteten die Regierungsmitglieder und hochrangigen Militärs und brachten sie nach Bad Mondorf (Luxemburg) in ein Gefangenenlager der Alliierten. Dort fanden bis zum September 1945 die ersten Verhöre statt, bevor in Nürnberg ab Oktober 1945 der Prozess gegen die Hauptkriegsverbrecher begann.
Nach dem Krieg nutzte man die Marineschule als Lazarett, dann als Pädagogische Hochschule sowie als Zollschule. Mit der Neugründung der Bundesmarine 1956 wurden die Gebäude wieder ihrer alten Bestimmung übergeben. Bis heute werden Offiziere der Deutschen Marine in der Marineschule Mürwik ausgebildet.

2 Nachrichten- und Torpedoschule / Schule für Strategische Aufklärung der Bundeswehr

Ausgebaut 1933 – 1939
Mürwiker Straße 203
24944 Flensburg

Die ältesten Dienstgebäude stammen aus dem Jahr 1902 und gelten als Keimzelle des Marinestandorts Flensburg-Mürwik. In dem zwischen 1933 und 1939 erweiterten Komplex wurden Marineangehörige in der Nachrichtentechnik und an der Torpedowaffe ausgebildet.
Nach dem Krieg bezogen britische Einheiten die Gebäude. Ab 1956 nutzte die Bundesmarine das Areal als Marinefernmeldeschule. Heute befindet sich hier die Schule für Strategische Aufklärung der Bundeswehr: Offiziersanwärter, Offiziere, Unteroffiziere und Mannschaftsdienstgrade aller drei Teilstreitkräfte werden unter anderem

Navigationsschule, im Vordergrund betonierte Lüftungshauben eines Luftschutzbunkers

Reichsadler an der Bundeswehrschule

Zombeck-Turm im ehemaligen Trollseelager

Polizeipräsidium Flensburg

im Fernmeldewesen und in der elektronischen Kampfführung ausgebildet. Der 1943 neben der Schule errichtete Hochbunker vom Typ T-750 besteht aus drei Etagen und bot Platz für 750 Personen. Die Wandstärke beträgt 2,50 Meter, die Deckenstärke knapp 3,50 Meter. Der Bunker wurde nach dem Krieg entfestigt und ist heute ungenutzt. Zwei weitere Bunker des Typs T-750 (→ S. 13), die in unmittelbarer Nähe der Marineschule gebaut worden waren, sind inzwischen abgetragen bzw. übererdet.

3 Marineschießplatz Twedter Feld / Naturschutzgebiet

Tremmerupweg
24944 Flensburg

Auch noch Tage nach der deutschen Kapitulation wurden auf diesem Schießstand und Truppenübungsplatz am Stadtrand von Flensburg-Mürwik Soldaten, die durch das Kriegsgericht zum Tode verurteilt worden waren, standrechtlich erschossen. Nach der Teilkapitulation am 5. Mai 1945 hatten sich viele Wehrmachtsangehörige geweigert, Befehle auszuführen, oder Schiffe sabotiert, um deren Auslaufen zu verhindern. Andere machten sich einfach auf den Heimweg. Daraufhin wurden sie wegen »Kriegszersetzung« oder Fahnenflucht verurteilt. Ein Todesurteil wurde auf dem Schießplatz Twedter Feld noch am 11. Mai 1945 vollstreckt, gegen den Gefreiten Hans Süß.

Nach Kriegsende blieben die deutschen Soldaten – nun mit dem formellen Status als Kriegsgefangene – weiterhin ihren bisherigen Vorgesetzten unterstellt, die unter den Augen der Alliierten eine Art Militärgerichtsbarkeit aufrechterhielten. Einige Inhaftierte wurden ermordet.

Heute ist der ehemalige Marineschießplatz ein Naturschutz- und Naherholungsgebiet. Eine Gedenktafel erinnert an die hier verübten Verbrechen.

4 Luftschutztürme Bauart Zombeck – Trollseelager

Erbaut 1942
Trollseeweg / Steinstraße
24939 Flensburg
Unregelmäßige Öffnungszeiten

Im heutigen Gewerbe- und Industriegebiet in der Nähe der Flensburger Werft befinden sich zwei Luftschutztürme der Bauart Zombeck (→ S. 12). 1942 errichtet, dienten sie als Werks- und Zivilschutzbunker. Der Durchmesser beträgt jeweils 12,20 Meter und die Höhe 22 Meter. Die Bunker besaßen keine abgetrennten Geschosse, sondern im Innern schraubten sich zwei gegenläufige, um eine zentrale Mittelsäule angeordnete Wendelplattformen in die Höhe. Ausgelegt für jeweils rund 500 Personen, waren die beiden Luftschutztürme aber bei Fliegeralarm wegen der unzureichenden Anzahl an Luftschutzplätzen mehrfach überbelegt.

Nach dem Krieg wurden beide Luftschutztürme entfestigt, indem man Veränderungen im Inneren der Bauwerke vornahm, damit sie den Zweck als Luftschutzanlage nicht mehr erfüllen können.

Heute wird der nördliche Turm, der sich auf dem Gelände einer Behinderteneinrichtung befindet, unregelmäßig für Kunstausstellungen genutzt und kann besichtigt werden. Der südliche Luftschutzturm dient einem Gastronomiebetrieb als Warenlager.

5 Polizeigefängnis / Polizeiinspektion Flensburg

Genutzt ab 1935
Norderhofenden 1
24937 Flensburg

Ab 1935 befanden sich in diesem Gebäude das Polizeigefängnis und der Sitz der Geheimen Staatspolizei (Gestapo) in Flensburg. Viele Verfolgte des NS-Regimes wurden hier in »Schutzhaft« gehalten und gequält.

Neben diesem Gebäude des Reichssenders Flensburg stand einst der Sendemast.

Einige von ihnen wurden nach den Verhören freigelassen, die anderen entweder ins Gerichtsgefängnis im Südergraben 24 überstellt oder direkt in ein Konzentrationslager gebracht. Heute ist in diesem Haus die Flensburger Polizeiinspektion untergebracht. Die ehemaligen Gefängniszellen der Gestapo werden noch immer genutzt.

6 Reichssender Flensburg / Wohn- und Geschäftshaus

Rathausstraße 2
24937 Flensburg

Der Reichssender Flensburg war die letzte funktionstüchtige Radiostation im »Dritten Reich«. Am 9. Mai 1945 um 20.03 Uhr verlas der Rundfunksprecher Klaus Kahlenberg den letzten Wehrmachtsbericht und endete mit den Worten:

»Das Oberkommando der Wehrmacht gibt bekannt:
Seit Mitternacht schweigen nun an allen Fronten die Waffen. Auf Befehl des Großadmirals Dönitz hat die Wehrmacht den aussichtslos gewordenen Kampf eingestellt. Damit ist das fast sechsjährige heldenhafte Ringen zu Ende. Es hat uns große Siege, aber auch schwere Niederlagen gebracht. Die deutsche Wehrmacht ist am Ende einer gewaltigen Übermacht ehrenvoll unterlegen.
Der deutsche Soldat hat, getreu seinem Eid, im höchsten Einsatz für sein Volk für immer Unvergessliches geleistet. Die Heimat hat ihn bis zuletzt mit allen Kräften, unter schwersten Opfern unterstützt. Die einmalige Leistung von Front und Heimat wird in einem späteren gerechten Urteil der Geschichte ihre endgültige Würdigung finden. Den Leistungen und Opfern der deutschen Soldaten zu Lande, zu Wasser und in der Luft wird auch der Gegner die Achtung nicht versagen. Jeder Soldat kann deshalb die Waffe aufrecht und stolz aus der Hand legen und in den schwersten Stunden unserer Geschichte tapfer und zuversichtlich an die Arbeit gehen für das ewige Leben unseres Volkes. Die Wehrmacht gedenkt in dieser schweren Stunde ihrer vor dem Feind gebliebenen Kameraden. Die Toten verpflichten zu bedingungsloser Treue, zu Gehorsam und Disziplin gegenüber dem aus zahllosen Wunden blutenden Vaterland.
Wir brachten den Wortlaut des letzten Wehrmachtsberichts dieses Kriegs.
Es tritt nun eine Funkstille von drei Minuten ein.«

Ab dem 10. Mai 1945 wurde der Sendebetrieb durch die Alliierten kontrolliert und bis zum 13. Mai aufrechterhalten. Von 1948 bis 1956 nutzte der Nordwestdeutsche Rundfunk die Sendeanlagen.

7 Friedhof Friedenshügel
Am Friedenshügel 45
24941 Flensburg

Auf dem 1911 eröffneten Friedhof wurden in vier Gräberfeldern Opfer des Nationalsozialismus beerdigt. So findet man zwei Gräberfelder für polnische, sowjetische und andere Zwangsarbeiter und ein Feld für namenlose Opfer, die bei Luftbombardements, bei der Zwangsarbeit oder bei den Evakuierungsmärschen ums Leben gekommen sind. Ein Ehrenmal der Vereinigung der Verfolgten des Naziregimes (VVN) wurde auf der Grabstelle der KZ-Opfer am 4. Juni 1950 eingeweiht. An gleicher Stelle befindet sich heute ein Gedenkstein der VVN mit der Inschrift: »Den namenlosen Opfern in Ehrfurcht und Gedenken 1933-1945«.

Ehrenmal auf dem Friedhof Friedenshügel

8 Erweitertes Polizeigefängnis - Internierungslager Fröslev / Fröslevlejrens Museum
Lejrvej 83
DK-6330 Padborg
Februar-November: Di-Fr 9-16 Uhr, Sa-So 10-17 Uhr

Am 31. Mai 1939 schloss Dänemark einen Nichtangriffspakt mit Deutschland und erklärte sich zu Beginn des Zweiten Weltkriegs für neutral.

Am 9. April 1940 besetzte die Wehrmacht dennoch Dänemark, ließ aber die dänische Regierung im Amt, die mit den Deutschen unter Protest kooperierte (»Zusammenarbeitspolitik«). Als sich die Widerstandsaktivitäten im Land verstärkten und die Deutschen mit Gewalt durchgriffen, trat die dänische Regierung am 29. August 1943 zuruck und stellte jede Zusammenarbeit mit der Besatzungsmacht ein. Um die Deportationen festgenommener Dänen in deutsche Zuchthäuser und Konzentrationslager zu stoppen, wurde nach der Intervention dänischer Behörden 1944 der Bau des Fröslev-Lagers auf dänischem Territorium beschlossen.

Eingangsbereich des Fröslev-Lagers, heute eine Gedenkstätte

Gedenkstätte Fröslev-Lager

Stillgelegte Flugzeuge auf dem Flugplatz südlich von Harrislee im Herbst 1945

Schloss Glücksburg

Das Polizeigefangenenlager stand unter der Leitung der deutschen Sicherheitspolizei und wurde unter anderem für die Internierung von dänischen Widerstandskämpfern und politischen Häftlingen genutzt. Trotz der Absprachen kam es nur wenige Wochen nach der Eröffnung des Lagers zu ersten Deportationen über den Grenzübergang Harrislee. Ingesamt haben von August 1944 bis 5. Mai 1945 etwa 12 000 Personen das Lager durchlaufen. Rund 1600 Personen wurden in Konzentrationslager transportiert. Die Außenstelle des dänischen Nationalmuseums in Fröslev dokumentiert den Alltag der Gefangenen, die deutsche Bewachung und die Deportation der Häftlinge in die Konzentrationslager. Die Ausstellung ist in einer ehemaligen Gefängnisbaracke und im Hauptturm untergebracht.

9 Gedenkstätte Harrislee

Grenzübergang Harrislee
Ochsenweg
24955 Harrislee

Das von Schülern entworfene Mahnmal unweit der deutsch-dänischen Grenze erinnert an das Schicksal von etwa 1600 Häftlingen aus dem dänischen Internierungslager Fröslev, die 1944/45 von dort aus in deutsche Konzentrationslager deportiert wurden. Die Häftlinge wurden auf dem Bahnhof in Viehwaggons getrieben und abtransportiert. Etwa 250 von ihnen starben.
Südlich von Harrislee wurde während der NS-Zeit der Flugplatz Schäferhaus ausgebaut und durch die Luftwaffe genutzt. Durch das Flugverbot der deutschen Luftwaffe nach der Teilkapitulation wurden Hunderte Flugzeuge auf dem Platz abgestellt und flugunfähig gemacht. Die massiven Flugzeughallen demontierte man nach dem Zweiten Weltkrieg, bevor der Platz für die zivile und kommerzielle Fliegerei wieder ausgebaut wurde.

Gedenkstätte Harrislee

10 Schloss Glücksburg

Erbaut 1582 - 1587
Große Straße
24960 Glücksburg
Mai - September: 10 - 18 Uhr,
Oktober: Di - So 10 - 18 Uhr,
November - April: Sa - So 11 - 16 Uhr

Das Wasserschloss Glücksburg wurde zwischen 1582 und 1587 im Auftrag von Herzog Johann dem Jüngeren des Herzogtums Schleswig-Holstein-Sonderburg erbaut und wird aufgrund der Verwandtschaftsverhältnisse der Adelsgeschlechter untereinander häufig als eine Wiege der europäischen Königshäuser bezeichnet.
In den letzten Kriegswochen und auch nach der Kapitulation diente das Schloss Reichsminister Albert Speer als Quartier. Auf dem Schlossareal wurden nach seiner Verhaftung durch die Alliierten am 23. Mai 1945 fast 200 ehemalige hohe Militärs und Regierungsmitglieder als Gefangene untergebracht.
Das Schloss überstand den Krieg ohne größere Schäden.
Schloss, Orangerie und Park können besichtigt werden. Des Weiteren finden regelmäßig Hochzeiten, Tagungen und Veranstaltungen im Schloss statt.

BUNKERTYPEN

Im Zuge der Aufrüstung bzw. der Kriegsvorbereitung wurden in den 30er Jahren auch neue Bunkertypen entworfen. Hatte man bis dato ausschließlich unterirdische Luftschutzbunker gebaut, so wurde nun eine Reihe von standardisierten Hochbunkern konzipiert.

Der erste Bunker dieser Art war der **Luftschutzturm** der Bauart **Winkel,** benannt nach seinem Konstrukteur Leo Winkel (1885–1981). Winkel entwickelte oberirdische Luftschutzbunker nach dem Vorbild eines italienischen Campanile, der durch seine zylindrische Formgebung Bombensicherheit gewährleisten sollte. Am 18. September 1934 meldete Leo Winkel den ersten Bautypen eines Luftschutzturms zum Patent an, der ausgiebig auf dem Areal der Luftwaffen-Erprobungsstelle Rechlin an der Müritz getestet wurde. Hermann Göring, Reichsminister der Luftfahrt und Oberbefehlshaber der Luftwaffe, vergab am 26. Juni 1937 den Vertrieb dieses Bunkertyps auch an Einheiten der Wehrmacht. In den folgenden Jahren entstanden weitere Ausführungen, die maximal 500 Personen Schutz bei einem Luftalarm boten. Bis zum Ende des Zweiten Weltkriegs wurden etwa 200 Luftschutztürme der Bauart Winkel errichtet, so etwa in Lübeck (→ S. 39), Stettin und Danzig. Ein weiterer **Luftschutzturm**-Typenbau wurde von Paul **Zombeck** 1937 patentiert. Der Durchmesser betrug jeweils 12,20 Meter und die Höhe 22 Meter. Die Wandstärke verjüngte sich von unten nach oben von 2 Metern auf etwa 1,50 Meter. Die Decken und die Spitze bestanden aus Stahlbeton und waren 1,40 Meter stark. Die Bunker hatten keine separaten Geschosse, sondern besaßen zwei gegenläufige, um eine zentrale Mittelsäule angelegte, schraubenförmig ansteigende Wendelplattformen. In der Mittelsäule befanden sich Toiletten und Waschräume, in der Dachspitze die Lüftungs- und Filteranlagen. Die Luftschutztürme dieses Typs, von denen einer noch in Flensburg (→ S. 7) zu besichtigen ist, waren für rund 500 Personen ausgelegt.

Aufgrund der zunehmenden Luftbombardements durch die alliierten Luftstreitkräfte benötigte die Kriegsmarine ab 1942 ausreichend bombensichere Schutzräume für die Marineangehörigen auf den Stützpunkten und den Werften, die durch die Kriegsmarine

Winkel-Turm in der Berliner Straße in Lübeck

verwaltet wurden. Ein standardisierter Luftschutzbunkertyp, der **Truppenmannschaftsbunker,** wurde nach damals modernsten Gesichtspunkten entworfen und vornehmlich an den Küsten des gesamten Reichsgebietes errichtet. Je nach Anzahl an Schutzplätzen besaßen die Luftschutzbunker der Typen T-750, T-1100 und T-1500 drei oder vier Etagen, waren bis zu 38 Meter lang und 21 Meter breit und boten maximal 1500 Personen Schutz. Die Wandstärke betrug mindestens zwei Meter. Charakteristisch für diesen Bautyp waren die Belüftungstürme und die bombensicheren Anbauten an den Ein- und Ausgängen. Truppenmannschaftsbunker des Typs T-750 sind unter anderem in Flensburg (→ S. 7), Kiel (→ S. 18) und Peenemünde (→ S. 107) erhalten geblieben.

Zombeck-Turm in Flensburg

Wendeltreppe in einem Zombeck-Turm

Truppenmannschaftsbunker T-1100 in Kiel

REGION ECKERNFÖRDE

Bereits 1912 wurde Eckernförde Garnisonsstadt und Marinestützpunkt sowie Sitz einer Torpedoversuchsanstalt, die 1945 mehrere tausend Arbeiter beschäftigte. Während des Zweiten Weltkriegs blieb die Stadt von Luftangriffen weitestgehend verschont. In den letzten Kriegsmonaten strandeten Tausende Flüchtlinge aus den deutschen Ostgebieten in Eckernförde.

11 Gedenkstein Alfred Kranzfelder

Kranzfelder Hafen
Uferstraße
24340 Eckernförde

Seit April 1980 befindet sich ein Gedenkstein für den Widerstandskämpfer Alfred Kranzfelder am Marinehafen in Eckernförde, der ihm zu Ehren seinen Namen trägt.
1908 in Kempten/Allgäu geboren, schlug Kranzfelder ab 1927 die Offizierslaufbahn in Flensburg-Mürwik ein. Aus gesundheitlichen Gründen wurde er 1940 nach Berlin als Referent in die 1. Seekriegsleitung versetzt und arbeitete dort mit Berthold Schenk Graf von Stauffenberg zusammen. Durch ihn und desillusioniert angesichts des Einblicks in die tatsächliche Kriegslage, schloss Kranzfelder sich dem inneren Kern der Widerstandsgruppe um Claus von Stauffenberg an. Seine Aufgabe bestand darin, weitere Widerstandskämpfer in der Marine ausfindig zu machen und anzusprechen. Alfred Kranzfelder wurde nach dem gescheiterten Attentat auf Hitler am 24. Juli 1944 verhaftet, mit anderen Männern des Widerstands zum Tode verurteilt und am 10. August 1944 im Strafgefängnis Berlin-Plötzensee gehängt.

12 Torpedoversuchsanstalt Eckernförde / Wehrtechnische Dienststelle 71

Erbaut 1912,
erweitert ab 1933
Berliner Straße 115
24340 Eckernförde

Im Jahr 1910 erwarb die Kaiserliche Torpedowerkstatt in Kiel-Friedrichsort einen Uferstreifen an der Eckernförder Bucht, um dort einen Torpedoschießstand einzurichten. Der Schießstand wurde 1913 als Teil der bereits seit 1912 auf dem Gelände arbeitenden Torpedoversuchsanstalt (TVA) in Be-

Militärischer Bereich des Kranzfelder Hafens

Torpedoversuchsanstalt Eckernförde, um 1944; rechts das Kontroll- und Abschussgebäude

trieb genommen und in der Zeit ab 1933 weiter ausgebaut. Es entstand ein weithin sichtbares Kontroll- und Abschussgebäude, das in ähnlicher Form ebenfalls in den Torpedoanstalten bei Danzig (→ S. 129) und bei Neubrandenburg im Tollensesee errichtet wurde. Das Bauwerk wurde nach dem Zweiten Weltkrieg demontiert. 1957 richtete die Marine auf dem Gelände eine Erprobungsstelle ein, wo sie Marinewaffen auf ihre Tauglichkeit und Serienreife prüfte. Heute wird das Areal von der Wehrtechnischen Dienststelle (WTD 71) zur Erprobung von Schiffen und Marinewaffen genutzt.

Widerstand und Fluchthilfe in Eckernförde

Seit der »Machtergreifung« der Nationalsozialisten gingen einige Eckernförder Fischer nicht nur ihrem Beruf nach. Diese Fischer hielten eine illegale Seeverbindung nach Dänemark aufrecht und unterstützten mit der Einfuhr von Zeitungen, Flugblättern und Propagandaschriften den Widerstand. Auf dem Hinweg wurden zumeist kommunistische Flüchtlinge nach Dänemark geschleust, und auf dem Rückweg transportierten die Fischer illegale Druckschriften nach Eckernförde, die von hier aus in das gesamte Reich weiterverteilt wurden. Bis zum Ende des Zweiten Weltkriegs wurden immer wieder Fischer enttarnt, wegen Hochverrat angeklagt und zu Haftstrafen in Zuchthäusern oder Konzentrationslagern verurteilt.

13 Zwangsarbeiterlager »Louisenberger Lager« der Torpedoversuchsanstalt-Nord / »Kaserne Nord«

Am Ort 6
24340 Eckernförde

In unmittelbarer Nähe der TVA-Nord wurde das »Louisenberger Lager« für etwa 1200 Personen errichtet. In einfachen Baracken waren diejenigen untergebracht, die in der TVA Zwangsarbeit verrichten mussten. Nach dem Krieg wurde das Lager als Flüchtlingslager nachgenutzt.
Gegenwärtig befindet sich auf dem Areal die Eckernförder »Kaserne Nord« und der Kranzfelder Hafen (→ Gedenkstein Alfred Kranzfelder), ein Tiefseehafen, in dem seit 2006 alle

Der Schriftzug »TVA« an einem Gebäude der Torpedoversuchsanstalt Eckernförde

U-Boote der Deutschen Marine stationiert sind. Weder Gebäudereste noch eine Gedenktafel erinnern heute an die frühere Existenz des Zwangsarbeiterlagers. Auf dem Friedhof am Mühlenberg befindet sich jedoch ein Gräberfeld für die umgekommenen Zwangsarbeiter der Region.

14 Torpedoversuchsanstalt-Ost Surendorf / Wehrtechnische Dienststelle 71 – Standort Schwedeneck

Strandstraße
24229 Surendorf

In der Außenstelle der Torpedoversuchsanstalt (TVA) Eckernförde in Surendorf befanden sich die Trockenwerkstatt und Teile der Erprobungsstelle, wo unter anderem Ein- und Zweimanntorpedos getestet wurden. Während des Kriegs waren hier mehrere tausend Menschen tätig, darunter viele Zwangsarbeiter.

Die Betonbrücke und die Gebäude am Ende der Brücke wurden nach dem Krieg gesprengt und liegen immer noch am Strand oder ragen teilweise aus dem Wasser. Daneben wurde von der Bundeswehr eine neue Betonbrücke errichtet, die nicht öffentlich zugänglich ist.

Auf dem Gelände der ehemaligen Torpedoversuchsanstalt hat heute eine Außenstelle der Wehrtechnischen Dienststelle 71 ihren Sitz, in der für die Deutsche Marine alle Arten von technischen Ausrüstungsgegenständen entwickelt und getestet werden.

Reste der Betonbrücke der Torpedoversuchsanstalt-Ost

REGION KIEL

In Kiel befand sich der wichtigste Reichskriegshafen der deutschen Ostseeküste. Die in den 30er Jahren mit Macht vorangetriebene Wiederaufrüstung bescherte den drei Kieler Großwerften eine Flut von Aufträgen. Die Erweiterung der Produktionskapazitäten ebenso wie der Ausbau der Marine- und Luftwaffenstützpunkte ließen die Bevölkerungszahl der Stadt ansteigen. Auf den wachsenden Bedarf an Wohnraum antwortete man mit dem Bau von verschiedenen Siedlungen.

15 Fliegerhorst Kiel-Holtenau

Luftwaffenbauverwaltung
Erbaut 1913, erweitert 1936–1939
Boelckestraße
24159 Kiel-Holtenau

Im Jahr 1913 wurde im Kieler Stadtteil Holtenau eine Küstenflugstation mit Flugzeughallen und Baracken errichtet, in der Piloten ausgebildet wurden. Während des Ersten Weltkriegs erfolgten von hier regelmäßig Aufklärungs- und Seeüberwachungsflüge.
In der Weimarer Republik setzte man auf dem Fliegerhorst unter dem Deckmantel zivilen Flugverkehrs die Aus- und Weiterbildung von fliegendem Personal heimlich fort und baute den Flugplatz allmählich aus.
Nach der Machtübernahme der Nationalsozialisten nutzte die Luftwaffe das Areal offen für militärische Zwecke und errichtete massive Flugzeughallen aus Stahlbeton sowie Kasernen- und Unterkunftsgebäude. Ab 1935 waren auf dem Flugplatz Aufklärungs- und Jagdeinheiten stationiert. Ab 1938 stellte man hier eine Sturzkampfstaffel für die beiden in Kiel gebauten Flugzeugträger auf (→ »Graf Zeppelin«, S. 24), die aber aufgrund der ausbleibenden Fertigstellung der Schiffe nicht zum Einsatz kam. Mit den zunehmenden Bombardements ab 1943 wurde der Fliegerhorst nur noch selten von fliegenden Einheiten frequentiert.
Zwischen 1941 und 1945 sind auf dem Schießplatz in der Nähe des Fliegerhorsts Todesurteile an deutschen Soldaten wegen Fahnenflucht oder »Kriegszersetzung« vollstreckt worden. Eine gesicherte Zahl an Hinrichtungen liegt bis heute nicht vor.
Gegenwärtig wird der Fliegerhorst Kiel-Holtenau sowohl als ziviler Verkehrslandeplatz als auch vom Marinegeschwader 5 der Bundeswehr genutzt.

Luftbild Kiel-Holtenau; vorn rechts der ehemalige Seefliegerhorst

SEEMACHT

Bundesflotte (Reichsflotte)	Marine des Norddeutschen Bundes	Kaiserliche Marine	Reichsmarine
1848–1852	1867–1871	1871–1918	1919–1935

16 Marineareal Wik

Erbaut ab 1934
Arkonastraße
24106 Kiel-Wik

Im Kieler Stadtteil Wik ließ das Marinebauamt im Zuge des Ausbaus des Marinestandorts an der Kieler Förde ab 1934 viele Gebäudekomplexe errichten, in denen unter anderem mehrere Marineschulen, ein Erprobungskommando und eine Marinefachschule untergebracht waren. Außerdem entstanden Unterkünfte für die Mannschaften.
Auf dem Areal befand sich auch das Marineuntersuchungsgefängnis, in dem die Verurteilten in sogenannten Todeszellen auf ihre Exekution auf dem Schießplatz in Kiel-Holtenau warteten.

Treppenhaus eines Gebäudes im Marineareal Wik

Entfestigter Bunker T-750 in Kiel-Wik, heute Museum

17 Flandernbunker Kiel-Wik

Erbaut 1942/43
Hindenburgufer
24106 Kiel-Wik
Jeden 1. Sonntag im Monat 11.30 Uhr

Der als Schutzbunker für die Marineangehörigen der 5. U-Boot-Flottille Kiel projektierte Hochbunker besteht aus drei Etagen und bot Platz für 750 Personen. In diesem Bunker vom Typ T-750 (→ S. 13) befand sich auch die Flugabwehr- und Notkommando-Zentrale für den Bereich Kiel.
Nach dem Krieg wurde der Bunker durch die Alliierten entfestigt. Mittlerweile steht der Koloss aus Beton unter Denkmalschutz, wird saniert und kann zu bestimmten Zeiten besichtigt werden. Etwa 20 weitere Hochbunker existieren noch immer in Kiel.

18 Luftkreiskommando/ Wehrbereichskommando I

Ernst Sagebiel
Erbaut 1935/36
Niemannsweg 220
24106 Kiel-Wik

Das monumentale Gebäude des Luftkreiskommandos in Kiel-Wik wurde von Ernst Sagebiel entworfen und im

DEUTSCHLAND

Kriegsmarine	Bundesmarine (Bundesrepublik)	Volksmarine (DDR)	Deutsche Marine
1935–1945	1956–1990	1956–1990	seit 1990

Wehrbereichskommando I in Kiel, das von Ernst Sagebiel entworfen wurde

Herbst 1936 durch Hermann Göring feierlich eingeweiht. Bereits 1934 war das Luftkreiskommando in Kiel aufgestellt worden und umfasste das Kommando über sämtliche Seefliegerverbände. Ein ab 1934 nach Entwürfen von Regierungsbaumeister Thomsen im Düsternbrooker Weg errichtetes Gebäude wurde als zu klein erachtet, und so beauftragte man Sagebiel mit der Planung eine größeren und repräsentativen Neubaus.
Sagebiel, von Göring zum Reichskommissar für die Luftfahrt ernannt, hat viele monumentale und repräsentative Gebäude des Nationalsozialismus, aber auch Fliegerhorste für die deutsche Luftwaffe geplant. Sein wohl bekanntestes ziviles Gebäude ist der Flughafen Berlin-Tempelhof.

19 Olympiaheim / Institut für Weltwirtschaft »Haus Welt-Club«

Erbaut 1936
Hindenburgufer 76
24105 Kiel

Im Rahmen der 11. Olympischen Sommerspiele 1936 war Kiel Austragungsort für die Segelregatten. Vier Wettbewerbe fanden auf der Kieler Förde statt. Für den neugebauten »Olympiahafen« in Düsternbrook musste ein Schwimmbad weichen. Das ehemalige Olympiaheim zeugt noch immer von der internationalen Sportveranstaltung, die auch in Kiel zu Propagandazwecken missbraucht wurde. Beleuchtet von den Scheinwerfern der Kriegsschiffe, die im Kieler Hafen vor Anker lagen, und mit einem pompösen Militärzeremoniell wurden die Segelwettbewerbe am 3. August 1936 eröffnet. Das Interesse der Bevölkerung war riesig: Zehntausende verfolgten die Wettkämpfe sowohl vom Ufer aus als auch von Schiffen in der Kieler Förde.

Bellevuebrücke, Segelolympiade 1936 in Kiel

20 Geheime Staatspolizei Kiel / Polizeirevier
Düppelstraße 23
24105 Kiel

In dem Haus Düppelstraße Nr. 23 befand sich von 1935 bis 1945 die Staatspolizeistelle Kiel, Zentrale der schleswig-holsteinischen Gestapo. Von hier aus wurden die Verfolgung der Gegner des NS-Regimes in Schleswig-Holstein und die Deportation der dort ansässigen jüdischen Bevölkerung organisiert. In den Kellerräumen wurden Menschen in »Schutzhaft« gehalten und verhört. Manche der Häftlinge sind dort auch ermordet worden.
Eine Gedenktafel vor dem Gebäude erinnert seit einigen Jahren an den Terror der Geheimen Staatspolizei.

21 »Der Geistkämpfer«
Nikolaikirche
Alter Markt
24103 Kiel

Die Bronzeskulptur »Der Geistkämpfer« vom Güstrower Bildhauer Ernst Barlach stand seit 1928 vor der Heiliggeist- oder Universitätskirche am ehemaligen Franziskanerkloster. Zu seiner Skulptur sagte Barlach: »Man könnte vielleicht das Werk als Gruppe der Überwindung, Selbstüberwindung ansprechen. Dieses darzustellen ist meine exakte Meinung gewesen.«
Als die Nationalsozialisten 1937 Jagd auf vermeintlich »entartete Kunst« machten, fiel ihnen auch die Skulptur Barlachs zum Opfer. Sie konnte vor dem Einschmelzen durch engagierte Kieler Bürger gerettet werden und wurde vorübergehend im Thaulow-Museum eingelagert. 1939 kaufte Barlachs Kunsthändler Bernhard Böhmer den »Geistkämpfer« und bewahrte ihn so vor seiner Beschlagnahmung. Der befreundete Bildhauer Hugo Körtzinger versteckte die zersägte Skulptur und weitere Werke Barlachs, der 1938 verstorben war, auf seinem Hof bei Uelzen. 1954 wurde die Plastik zur Kieler Woche an seinem jetzigen Standort an der Nikolaikirche am Alten Markt feierlich wieder aufgestellt.

»Der Geistkämpfer« an der Heiliggeistkirche vor der Demontage, 1937

»In Deutschland herrscht Ordnung.«
(Slogan der DAF nach der Besetzung des Gewerkschaftshauses)

22 Gewerkschaftshaus
Carl Voss
Erbaut 1907
Legienstraße 22
24103 Kiel

Mit der Auflösung der freien Gewerkschaften sowie der Arbeitnehmer- und Arbeitgeberverbände im gesamten Reichsgebiet im Mai 1933 wurde ihren Mitgliedern nahegelegt, nun in den neuen Einheitsverband der Deutschen Arbeitsfront (DAF) einzutreten. Sämtliche Vermögenswerte der aufgelösten Organisationen gingen ebenfalls in das Eigentum der DAF über. Das Streikrecht wurde abgeschafft.
Das 1907 eingeweihte Gewerkschaftshaus in der Legienstraße ist nach Plänen von Carl Voss entstanden. Nach der Gleichschaltung der Gewerkschaften zog die DAF 1933 in das Gebäude ein. Sie ließ das Haus verkommen, so dass es 1935 zur Zwangsverstei-

Ernst Barlachs Skulptur »Der Geistkämpfer« wird ins Thaulow-Museum eingelagert, 1937.

Das Kieler Gewerkschaftshaus nach der Übernahme durch die Nationalsozialisten, 1939

Alfred Naujocks 1911–1966

Alfred Helmut Naujocks wurde am 20. September 1911 in Kiel geboren und trat 1931 der NSDAP bei. Mit dem Eintritt in die SS und den Sicherheitsdienst (SD) wurde er mit mehreren Spezialaufträgen betraut. Von Reinhard Heydrich erhielt er 1939 den Auftrag, einen fingierten »polnischen« Überfall auf den Radiosender Gleiwitz durchzuführen. Am Abend des 31. August 1939 überfielen SS-Männer als polnische Freischärler verkleidet unter dem Kommando Naujocks' den Sender und meldeten von hier aus in deutscher und polnischer Sprache einen angeblichen Aufstand der polnischen Minderheit. Um der Aktion Nachdruck zu verleihen, ließen sie die Leiche des als polenfreundlich bekannten Oberschlesiers Franz Honiok zum Beweis für den scheinbaren polnischen Überfall in der Sendeanlage zurück. Honiok war am Vortag von der Gestapo verhaftet, betäubt und am Sender Gleiwitz erschossen worden.
Diese und weitere inszenierte Grenzprovokationen dienten als Vorwand

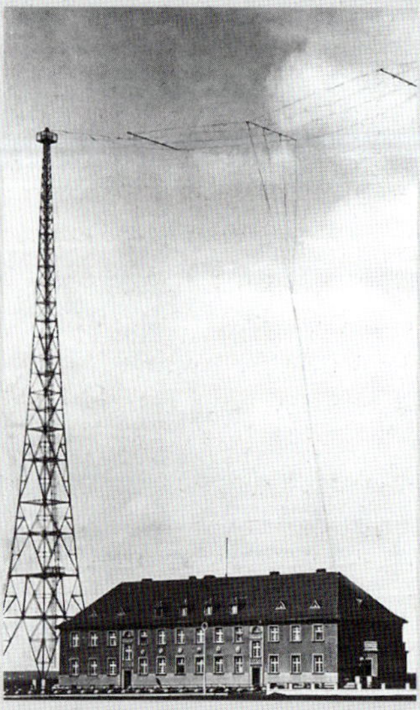

Sender Gleiwitz, der am 31. August 1939 von Naujocks' Männern überfallen wurde

Alfred Naujocks in Berlin, Mitte der 1930er Jahre

für den Angriff auf Polen und damit für den Beginn des Zweiten Weltkriegs. Den Überfall auf den Sender Gleiwitz schlachtete die NS-Propaganda aus, und am 1. September 1939 verkündete Adolf Hitler: »Polen hat heute nacht zum ersten Mal auf unserem eigenen Territorium auch mit bereits regulären Soldaten geschossen. Seit 5.45 Uhr wird jetzt zurückgeschossen! Und von jetzt ab wird Bombe mit Bombe vergolten!«
Alfred Naujocks erhielt auch in der Folge Sonderaufträge. So war er im November 1939 an der Entführung von zwei Mitarbeitern des britischen Geheimdienstes in der niederländischen Stadt Venlo beteiligt, durch die große Teile des britischen Spionagenetzes in West- und Mitteleuropa enttarnt werden konnten. Während des Kriegs wurde er auf mehrere Widerstandskämpfer »angesetzt« und lief im Oktober 1944 zu den Amerikanern über, die ihn als Kriegsgefangenen inhaftierten. Naujocks konnte sich 1946 einer Gerichtsverhandlung entziehen, tauchte ab und zog nach Hamburg. Ab 1961 wurde wieder gegen ihn ermittelt, doch während des Prozesses verstarb Naujocks 1966 plötzlich.
Die Ermittlungen wurden eingestellt.

gerung kam und die Stadt Kiel es für ihre Zwecke kaufte.
Heute wird das Gebäude wieder wie vor über 100 Jahren vom Deutschen Gewerkschaftsbund (DGB) und Einzelgewerkschaften genutzt.

23 Volksbad am Lessingplatz

Stadtbauamt
Rudolf Schroeder, E. Rogge
Erbaut 1935/36
Lessingplatz
24116 Kiel

Das Kieler Volksbad ist eines der ältesten noch im Betrieb befindlichen Hallenbäder Deutschlands und wurde 1936 eröffnet. Neben dem großen Schwimmbecken existierten noch separate Wannenbäder und Duschanlagen, die von der Kieler Bevölkerung häufig genutzt wurden, da eigene

Innenansicht des Volksbads am Lessingplatz

Badezimmer mit Duschen und Wannen noch nicht in jedem Haushalt Standard waren. Durch einen Luftangriff im Juli 1944 zerstört, wurde das Volksbad bereits 1953 wiedereröffnet und wird mittlerweile von einem Förderverein getragen.

24 Gedenktafel Synagoge Kiel

Goethestraße/Ecke Humboldtstraße
24116 Kiel

Am Ende des 17. Jahrhunderts ließen sich die ersten Juden in Kiel nieder. Zum Zeitpunkt der »Machtergreifung« der Nationalsozialisten zählte die jüdische Gemeinde rund 600 Mitglieder. Ein Großteil der Juden lebte im sogenannten Gängeviertel. Im Zweiten Weltkrieg wurden viele Häuser des Viertels zerstört und nach dem Krieg abgetragen. Heute befinden sich an dieser Stelle der Europaplatz und die Kieler Ostseehalle, in der etwa der Handballverein THW Kiel seine Heimstätte hat. Eine Stele vor der Ostseehalle erinnert an die Juden, die einst in dem Viertel lebten.
Die Kieler Synagoge in der Goethestraße wurde in der Reichspogromnacht auf Befehl des SA-Führers und Polizeipräsidenten Joachim Meyer-Quade in der Nacht vom 9. zum 10. November 1938 durch Brandstiftung zerstört. Seit 1968 erinnert eine Gedenktafel an den Ort des Terrors gegen die jüdische Bevölkerung. Im Luftschutzkeller des Kieler Rathauses wurde eine Sammelstelle eingerichtet, von der aus dann ab 1941 Deportationen in die Konzentrations- und Vernichtungslager erfolgten.

25 Arbeitserziehungslager Nordmark / Gedenkstätte

Rendsburger Landstraße
24113 Kiel

Als die Kapazitäten sowohl im Polizeigefängnis in der Blumestraße als auch in der 1943 zusätzlich errichteten Polizeibaracke in der Nähe des Drachensees an der Rendsburger Landstraße 199 nicht mehr ausreichten, richtete die Gestapo im Juni 1944 das Arbeitserziehungslager Nordmark am Kieler Russee ein. Im gesamten Reich sollten etwa 80 Arbeitserziehungslager entstehen. Dieses KZ-ähnliche Lager wurde zur Disziplinierung von Arbeitern betrieben. Arbeiteten die Insassen nach der Entlassung aus dem Lager noch immer nicht zufriedenstellend, drohte eine Inhaftierung in einem Konzentrationslager. Zwangsarbeiter, aber auch Schutzhäftlinge und politische Gefangene wurden hier festgehalten. Nach dem misslungenen Attentat vom 20. Juli 1944 auf Adolf

Der Flugzeugträger »Graf Zeppelin« nach dem Stapellauf im Dezember 1938

Flugzeugträger »Graf Zeppelin«

Am 16. November 1935 erhielt die Deutsche Werke AG in Kiel den Auftrag zum Bau von einem der zwei geplanten Flugzeugträger der deutschen Kriegsmarine. Als Namensgeber fungierte der Luftschiffpionier Ferdinand Graf von Zeppelin.
Das 257 Meter lange Schiff besaß eine Gesamtbesatzung von etwa 1600 Mann und bot bis zu 42 Flugzeugen Platz.
Der Stapellauf der »Graf Zeppelin« erfolgte am 8. November 1938. Nach der Taufe durch die Tochter des Namensgebers sowie einer Rede von Hermann Göring wurde das Boot zu Wasser gelassen. Mit Kriegsausbruch stellte man die Ausbauarbeiten aufgrund mangelnder Kapazitäten ein und nahm sie erst Ende 1942 wieder auf. Doch schon im Februar 1943 verfügte Adolf Hitler den endgültigen Baustopp. Im April 1943 wurde der Flugzeugträger nach Stettin geschleppt. Zu 85 Prozent fertiggestellt, sprengten und fluteten deutsche Einheiten das Schiff im April 1945, um den Flugzeugträger nicht in die Hände der Roten Armee fallen zu lassen. Nach der Bergung des Schiffes durch die sowjetische Armee im Jahr 1947 wurde die »Graf Zeppelin« in Richtung Danzig geschleppt und als Zielschiff mit Torpedos beschossen. Sie sank in der Danziger Bucht, wo der einzige je von den Deutschen gebaute Flugzeugträger heute in 80 Metern Tiefe liegt.

GROSSWERFTEN

In den drei Kieler Großwerften baute man vorwiegend U-Boote, schwere Kreuzer und Kampfschiffe, aber auch die beiden einzigen Flugzeugträger der deutschen Marine. Auf allen Werften wurden Zwangsarbeiter eingesetzt, die in unmittelbarer Nähe zu den Werken oder in Barackenlager untergebracht waren. Etwa jeder vierte Beschäftigte war ein Zwangsarbeiter.
Die am 1. Oktober 1838 gegründete Maschinenbauanstalt und Eisengießerei Schweffel & Howaldt baute 1850 das erste U-Boot der Welt. Während des Ersten Weltkriegs stellte die **Howaldts-Werft** U-Boote für die Kaiserliche Marine her, später – nach Übernahme der Aktienmehrheit durch das Deutsche Reich im Jahre 1937 – auch U-Boote für die Kriegsmarine. In der Nähe des Stammwerks in der Kieler Werftstraße 112–114 entstand der

U-Boot-Bunker Kilian (→ S. 28). Als Einzige der Kieler Großwerften wurden die Werke nach dem Krieg nicht demontiert.

Im Jahr 1925 wurden die Kaiserliche Werft und weitere Maschinenbau- und Rüstungsbetriebe zur **Deutsche Werke AG,** mit Verwaltungssitz in Berlin, zusammengelegt. Zu dem vollständig im Besitz des Deutschen Reiches befindlichen Konzern gehörte auch das Kieler Werftgelände an der heutigen Werftstraße zwischen der Germania-Werft und der Howaldts-Werft, wo man im Zuge der Wiederaufrüstung mit dem Bau von Kriegsschiffen und U-Booten begann. Ein Paradestück sollte der unvollendet gebliebene Flugzeugträger »Graf Zeppelin« werden (→ S. 24). Die Kieler Produktionsstätten der Deutschen Werke wurden im Krieg stark zerstört und nach Kriegsende teilweise demontiert. Die Werftanlagen gingen 1955 an die Howaldtswerke-Deutsche Werft GmbH über, die bis heute verschiedenste Schiffstypen herstellt.

In der **Kruppschen Germania-Werft** in der Nähe der Hörnbrücke hatte man sich ebenfalls auf die Produktion von U-Booten spezialisiert und baute ab 1934 eine Vielzahl an U-Booten für die Kriegsmarine oder diente als Zulieferbetrieb für andere Werften in Kiel. Auch der Bau des zweiten Flugzeugträgers sollte in Kiel durch die Germania-Werft ausgeführt werden. Die Arbeiten am Schwesterschiff der »Graf Zeppelin« wurden allerdings nach etwa zweijähriger Bauzeit gestoppt, der Rumpf wieder zurückgebaut und verschrottet, um die Kapazitäten der Werft auf den U-Boot-Bau zu konzentrieren. 1944 zählte die Werft über 10 000 Beschäftigte.

Nach dem Krieg erfolgte eine rasche Demontage der Werft auf Anordnung der britischen Besatzungsmacht.

Stapellauf des U-Boots U 96 in der »Germania-Werft«, 1. August 1940

Aufnahme des Nordmarklagers nach dem Krieg, Sommer 1947

Hitler wurden viele weitere Gegner des NS-Regimes im Arbeitserziehungslager Nordmark inhaftiert. Bis zur Befreiung am 4. Mai 1945 durch britische Truppen haben 4000 bis 5000 Personen das Lager durchlaufen, von denen mindestens 578 ums Leben gekommen sind.
Nach dem Zweiten Weltkrieg wurden das Areal und die Gebäude als Flüchtlingslager weitergenutzt. Heute erinnert eine kleine Gedenkstätte an das ehemalige Arbeitserziehungslager.

26 Siedlung Elmschenhagen Süd

Erbaut 1939–1941
Teplitzer Allee, Reichenberger Allee, Troppauer Straße u. a.
24146 Kiel

Um Wohnraum für die zunehmende Zahl an Beschäftigen der Rüstungsindustrie und für die Marineangehörigen zur Verfügung zu stellen, errichtete man ab 1935 mehrere Siedlungen, Kolonien und Werkswohnungen.
Das Projekt der Gartenstadt Elmschenhagen war das größte Bauvorhaben in Kiel zur NS-Zeit. Die Marine gab 1800 Wohneinheiten in Auftrag. Der Spatenstich für die Siedlung erfolgte am 4. April 1939. Zwei Jahre später konnten die Wohnungen bezogen werden. Die Siedlung sollte »gesunde und behagliche Wohnungen« für diejenigen Menschen schaffen, die in den Rüstungsbetrieben am Aufbau der Kriegsmarine mitarbeiteten. Eine breite Aufmarschstraße (Preetzer Chaussee) teilte die Gartenstadt in die Bereiche Nord und Süd. Im Nordteil wurden die Straßen nach österreichischen, im Südteil nach sudetendeutschen Orten benannt. Ein weiterer Ausbau der Siedlung in östliche Richtung kam aufgrund der Kriegsereignisse zum Erliegen.

Compass Klinik im ehemaligen Verwaltungs- und Produktionsgebäude der Anschütz-Werke

Modellplan der Siedlung Elmschenhagen Süd

27 **Anschütz-Werke / Compass Klinik Kiel**

Hans Hertlein
Erbaut 1937
Heikendorfer Weg 9
24149 Kiel

Am Ufer der Schwentine wurde nach Entwürfen von Hans Hertlein ab 1937 ein neuer Verwaltungs- und Produktionsstandort der Feinmechanikfirma Anschütz aufgebaut. Dort stellte man vor allem die damals fortschrittlichen Kreiselkompasse für die Seefahrt her, die im Unterschied zu den Magnetkompassen auf den geographischen Nordpol ausgerichtet waren.
Nach dem Krieg wurde auch dieser Rüstungsbetrieb demontiert. Heute befindet sich im umgebauten Werk ein Rehazentrum.
Im Rahmen eines Patentstreits hatten sich Hermann Anschütz-Kaempfe und Albert Einstein 1914 kennengelernt. Einstein war als Gutachter in dem Verfahren von Anschütz bestellt worden. Aus diesem Zusammentreffen entwickelte sich eine Freundschaft zwischen beiden Wissenschaftlern, und in den Jahren bis 1926 besuchte die Familie Einstein mehrfach Kiel. Albert Einstein war ein leidenschaftlicher Segler, diesem Hobby konnte er hier nachgehen. Einstein half entschieden bei der Weiterentwicklung des Kreiselkompasses mit und erhielt auch noch nach seiner Emigration im Jahr 1933 Lizenzzahlungen aus den Anschütz-Werken.
Bei der Herstellung von Luftfahrtkreiseln wurden auch Zwangsarbeiter in den ausgelagerten Werkstätten beschäftigt. Nach dem Krieg beteiligte sich die Firma Anschütz an einem von der Bundesregierung betreuten Wiedergutmachungsfonds.

Hermann Anschütz-Kaempfe (links) und Albert Einstein beim Segeln, vor 1926

U-Boot-Bunker Kilian während der Bauphase um 1943

28 U-Boot-Bunker Kilian

Erbaut 1941–1943
Ostuferhafen
24149 Kiel

Auf dem Areal der Howaldts-Werft befand sich an der Schwentine-Mündung einer von zwei U-Boot-Bunkern in Kiel. Durch die verstärkten alliierten Luftangriffe sah sich die Rüstungsindustrie gezwungen, die Produktion von U-Booten und anderen Rüstungsgütern in bombensichere Bunker zu verlagern. Für die Instandsetzung und Endmontage von U-Booten errichtete man daher am Ostufer der Kieler Förde einen massiven Bunker von gigantischen Ausmaßen: 180 Meter lang und 80 Meter breit. Die einzelnen Bauteile für die Schiffe wurden nun an verschiedenen Standorten produziert und konnten dann trotz anhaltender Bombardierungen im U-Boot-Bunker Kilian zusammenmontiert werden.
Das riesige Bauwerk wurde nach dem Krieg gesprengt; die verbliebenen Trümmer blieben bis zur Erweiterung des Ostuferhafens im Jahr 2001 ein Mahnmal gegen den Krieg.

29 U-Boot-Ehrenmal Möltenort

Erbaut 1930,
umgebaut 1938, 1984
Uferweg
24226 Heikendorf

Das 1930 erbaute und 1938 umgestaltete Ehrenmal erinnert seit dem Wiederaufbau im Jahr 1984 an die mehr als 35 000 in den beiden Weltkriegen gefallenen Besatzungsmitglieder der U-Boote.
Im Zentrum des Ehrenmals thront auf einem 15 Meter hohen Sandsteinpfeiler ein über vier Meter hoher und knapp sechs Tonnen schwerer Bronzeadler. Ein an dem Pfeiler 1938 angebrachtes Hakenkreuz wurde nach dem Krieg entfernt. Auf Bronzetafeln sind die Namen der ums Leben gekommenen Soldaten verewigt.
Darüber hinaus wird der Opfer gedacht, die in U-Booten zu Friedenszeiten umkamen.

Detail des U-Boot-Ehrenmals Möltenort

30 Marine-Ehrenmal Laboe

Gustav August Munzer
Erbaut 1929 - 1936, umgebaut 1954, 1993 - 1998
Strandstraße 92
24235 Laboe
November - März: 9.30 - 16.00,
April - Oktober: 9.30 - 18.00 Uhr

Das Marine-Ehrenmal ist den 35 000 im Ersten und den 120 000 im Zweiten Weltkrieg gefallenen deutschen Marinesoldaten gewidmet. Das am 30. Mai 1936 in Anwesenheit Adolf Hitlers feierlich eingeweihte Ehrenmal besteht aus einem 85 Meter hohen Turm sowie einer unterirdischen Gedenkhalle. Der Turm, der nach einem Entwurf Gustav August Munzers erbaut wurde, erinnert an den Steven eines Germanenschiffes.

Das Ehrenmal wurde nach dem Krieg mehrmals renoviert. Ein aus dem Zweiten Weltkrieg stammendes U-Boot (U 995) liegt seit 1972 in unmittelbarer Nähe des Ehrenmals und kann ebenfalls besichtigt werden.

Marine-Ehrenmal Laboe

Das ausrangierte U-Boot U 995 in der Nähe des Marine-Ehrenmals Laboe

REGION NEUSTADT

Im Bereich der relativ dünn besiedelten Region um Neustadt in Holstein befanden sich einige Standorte der Wehrmacht und einer der wichtigsten Rüstungs- und Wissenschaftsstandorte für die Radar- und Sonarentwicklung in Deutschland. Bekannt geworden ist die Neustädter Bucht durch das tragische Unglück der »Cap Arcona« und weiterer Häftlingsschiffe im April 1945.

31 Amtsgerichtsgefängnis Eutin

Jungfernstieg 3
23701 Eutin

Nach der Machtübernahme richtete der nationalsozialistische Regierungspräsident von Eutin, Johann Heinrich Böhmcker, alsbald ein Sammellager im Eutiner Gerichtsgefängnis ein, in dem vor allem NS-Gegner wie Kommunisten, Sozialdemokraten und Gewerkschafter, aber auch sogenannte Arbeitsscheue, Bettler und Landstreicher willkürlich inhaftiert wurden. Im Oktober 1933 transportierte man die Häftlinge in das provisorische Konzentrationslager Ahrensbök.

32 Konzentrationslager Ahrensbök / Gedenkstätte

Genutzt: 1933/34
Gedenkstätte Ahrensbök
Flachröste 16
23623 Ahrensbök
Mai - Oktober: sonntags 14 - 18 Uhr;
November - April: sonntags 14 - 17 Uhr

In einem ehemaligen Fabrikgebäude im Ahrensböker Ortsteil Holstendorf wurde ab Oktober 1933 ein provisorisches Konzentrationslager eingerichtet. Hier wurden die Inhaftierten verhört und mussten tagsüber Zwangsarbeit verrichten. Es gab zwar keine Todesfälle, aber brutale Gewalt und Misshandlung waren an der Tagesordnung. Bereits im Dezember 1933 erfolgte die Verlegung des Lagers in ein leerstehendes Gebäude im Zentrum von Ahrensbök. Die Auflösung des Konzentrationslagers erfolgte im Mai 1934. Fast alle Inhaftierten wurden entlassen, einige wenige jedoch in andere Lager überstellt.
Das Gebäude in Holstendorf wurde nach der Auflösung des Lagers bis 1944 von einer Realschule genutzt, da sich im Ahrensböker Realschulgebäude eine NS-Eliteschule der SA-Gruppe Nordmark einquartiert hatte. Anschließend wurden hier ausländische Zwangsarbeiter untergebracht. Heute befindet sich im ehemals als KZ genutzten Haus eine Gedenkstätte.

Gedenkstätte Ahrensbök

33 Schloss Plön / Nationalpolitische Erziehungsanstalt / Fielmann-Akademie

Erbaut 1633 - 1636
Schlossberg
24306 Plön

Schloss Plön wurde zwischen 1633 und 1636 erbaut und ist heute das einzige Schloss in Schleswig-Holstein in einer Höhenlage. Es besteht aus drei Flügeln, der Ehrenhof öffnet sich nach Süden zum Großen Plöner See. Während der Weimarer Republik beherbergte das Schloss eine staatliche Bildungsanstalt mit humanistischem Bildungsideal. Nach 1933 nutzten die

Eutiner Dichterkreis

Als Eutiner Dichterkreis wird eine Gruppe von knapp 30 Schriftstellern bezeichnet, die sich ab 1936 zusammenfanden. Der Dichterkreis wollte an die ehemalige literaturgeschichtliche Bedeutung Eutins anknüpfen, an jenen berühmten »Eutiner Kreis«, in dem sich zwischen 1776 und 1829 verschiedene Intellektuelle und Künstler zusammengeschlossen hatten und dem beispielsweise Friedrich Leopold Graf zu Stolberg, Heinrich Wilhelm von Gerstenberg und Friedrich Heinrich Jacobi angehörten.
Zunächst durch den Eutiner Regierungspräsidenten und SA-Gruppenführer Johann Heinrich Böhmcker ins Leben gerufen, übernahm schließlich der Gauleiter von Schleswig-Holstein, Hinrich Lohse, die Schirmherrschaft des Eutiner Dichterkreises. Zwischen 1936 und 1938 fanden fünf öffentliche Lesungen von Werken seiner Mitglieder statt. Den literarischen Mittelpunkt bildete Hans Friedrich Blunck, von 1933 bis 1939 Präsident der Reichsschrifttumskammer. Weitere Mitglieder des Kreises waren zum Beispiel Gustav Frenssen, Edwin Erich Dwinger, Waldemar Augustiny und Georg von der Vring.
Die Rolle des Eutiner Dichterkreises ist in der Literaturgeschichte umstritten, da seine Mitglieder in ihren Werken unter anderem Ziele der NS-Diktatur vertraten und teilweise sogar den Völkermord an den europäischen Juden befürworteten.

Einweihung der Napola Plön im Jahr 1933

Tragödie in der Neustädter Bucht

In der Neustädter Bucht lagen ab April 1945, bewacht von U-Booten, mehrere überfüllte Häftlingsschiffe vor Anker. Das Bekannteste von ihnen, die »Cap Arcona«, war ursprünglich ein schwimmendes Luxushotel der Hamburg-Südamerika Dampfschiffahrtgesellschaft.

Die Häftlinge waren aus den verschiedensten Konzentrationslagern auf die Schiffe gebracht worden, um nicht den Alliierten in die Hände zu fallen und so von den NS-Verbrechen berichten zu können. Fast alle Schiffe der Häftlingsflotte waren nicht mehr manövrierfähig. Bereits beim Transport und der Verladung starben unzählige Häftlinge an Seuchen, Hunger und den Schikanen der gewalttätigen Aufseher. Die Leichen wurden auf den Friedhöfen von Neustadt begraben oder in die Ostsee geworfen. Häftlinge, die zu fliehen versuchten, ins Wasser sprangen und sich an das Ufer retten konnten, wurden von Angehörigen der Waffen-SS und Marinesoldaten erschossen.

Am 3. Mai 1945 überflog eine britische Fliegerstaffel die Lübecker Bucht und bombardierte die Schiffe, um ihr Auslaufen zu verhindern. Die Briten glaubten, dass sich Nationalsozialisten über den Seeweg nach Norwegen absetzen wollten. Alle Schiffe wurden getroffen, stark beschädigt oder versanken. Unter dem Wachpersonal und den rund 10 000 Häftlingen, die sich zu dieser Zeit an Bord der Schiffe befanden, brach Panik aus. Nur etwa 3000 von ihnen kamen mit dem Leben davon.

Für die überlebenden Häftlinge wurde in Neustadt ein großes Aufnahmelager errichtet. Noch bis ins Jahr 1950 wurden an den Stränden der Lübecker Bucht ungefähr 3500 Opfer dieser Katastrophe angespült.

Nationalsozialisten die Gebäude als Nationalpolitische Erziehungsanstalt (NPEA / Napola), eine NS-Eliteschule zur Heranbildung und Formung des Führungsnachwuchses, wie es sie an mehreren Orten im Deutschen Reich gab (→ Napola Putbus). Die Einrichtung erhielt zu Ehren des SA-Stabschefs den Namen »NPEA Ernst Röhm«. Nach der Liquidierung der SA-Führung 1934 wurde Röhms Name getilgt. Die Schule hieß bis zur Schließung dann schlicht »NPEA Plön«.

Noch ehe die alliierten Truppen Plön erreichten, wurde die Napola am 23. April 1945 geschlossen. Am 2. Mai 1945 war Schloss Plön für einen Tag der Verwaltungssitz der nach dem Tod Adolf Hitlers gebildeten Regierung Dönitz, bevor dieser am 3. Mai nach Flensburg-Mürwik verlegt wurde.

Nach dem Krieg bezogen die britischen Besatzungstruppen das Schloss und nutzten es als Hauptquartier. Von 1946 bis 2001 wurde im Schloss wieder ein staatliches Internat betrieben. Nach dem Verkauf und anschließenden Umbaumaßnahmen beherbergt es seit 2006 eine Akademie für Augenoptiker und Optometristen.

34 Marineunteroffiziersschule Plön

Erbaut 1933–1938
Ruhleben 30
24306 Plön

Die Marineunteroffizierschule (MUS) wurde 1938 direkt am Großen Plöner See in Plön-Ruhleben durch die Marineunteroffizier-Lehrabteilung eingeweiht. Von 1940 bis 1945 war dort parallel eine U-Boot-Ausbildungseinheit angesiedelt. Am 22. April 1945 verlegten die Seekriegsleitung und das Oberkommando der Kriegsmarine unter Großadmiral Dönitz den Hauptsitz nach Plön und nutzten das in der Nähe der Marineunteroffiziersschule gelegene Barackenlager Stadtheide (Tarnname »Ausweichquartier Forelle«).

Luftbild der Marineunteroffiziersschule Plön

Gebäude des ehemaligen Fliegerhorsts Großenbrode

Am 30. April 1945 erreichte ihn hier die Nachricht vom Tod Hitlers und dass er zu dessen Nachfolger bestimmt worden war.
Nach Kriegsende diente der Komplex bei Plön-Ruhleben als Internat für Kinder der britischen Streitkräfte und seit 1960 wieder als Kaserne der Unteroffiziersausbildung der Marine.

35 Seefliegerhorst Großenbrode / Gewerbegebiet

Erbaut 1937–1942
Am Kai
23775 Großenbrode

In einer geschützten Bucht vor Großenbrode entstand ab 1937 ein Seefliegerhorst. Neben der Wasserlandefläche in der Bucht verfügte der Seefliegerhorst über zwei sich kreuzende Start- und Landebahnen von etwa 1300 Metern Länge. In Großenbrode war während des Zweiten Weltkriegs kein Einsatzverband dauerhaft stationiert. Eine bedeutende Rolle spielte der Platz jedoch bei der Rückverlegung der NS-Luftwaffe aus den Ostgebieten. Nachtflugtauglich ausgestattet und ständig einsatzbereit, nutzten viele Verbände in den letzten Kriegsmonaten den Seefliegerhorst als Zwischenlandeplatz, um ins vermeintlich sichere Reich zu gelangen. In Großenbrode existierte ein Kriegsgefangenenlager für 200 Personen. Heute befinden sich in der Bucht Liegeplätze für Segel- und Motorboote, und die ehemaligen Gebäude des Seefliegerhorsts werden zum Teil gewerblich genutzt. Ein Flugbetrieb findet nicht mehr statt.

36 Ehrenfriedhof »Cap Arcona«

Am Kiebitzberg 10
23730 Neustadt in Holstein

Zwischen Neustadt in Holstein und dem Ortsteil Pelzerhaken befindet sich in einem Dünengelände die zentrale Gedenkstätte für die Opfer der »Cap-Arcona«-Katastrophe. Sie erinnert an die Tragödie, die sich am 3. Mai 1945 in der Neustädter Bucht abspielte, als britische Bomber irrtümlich Schiffe mit KZ-Häftlingen angriffen und versenkten. (→ S. 32)
Im Zentrum der Anlage steht ein großes steinernes Mahnmal, auf dessen Sockel die Jahreszahlen »1933 - 1945« eingraviert sind. Die 24 Nationalitäten der Opfer sind auf zwei flankierenden Steinen aufgelistet. Ein hoher Stein in der Mitte trägt unter dem Relief das Symbol eines Häftlingswinkels als Kennzeichen für alle KZ-Häftlinge.
Weitere Opfer der Bombardierung der »Cap Arcona« wurden noch auf vielen anderen Friedhöfen entlang der Küste bestattet, wo sich ebenfalls Gedenkstätten befinden, so etwa auf den Friedhöfen am Timmendorfer Strand, in Niendorf, Scharbeutz, Grube und Grömitz.

»Hier ruhen 621 der 7000 Opfer der Thielbek- und Cap-Arcona-Katastrophe vom 3. Mai 1945«
(Inschrift auf der Rückseite des Mahnmals)

37 Nachrichtenmittelversuchskommando Pelzerhaken

Erbaut 1923
Auf der Pelzerwiese
23730 Pelzerhaken

Ab 1923 befand sich im Neustädter Ortsteil Pelzerhaken eine Außenstelle des Nachrichtenmittelversuchskommandos aus Kiel. Hier wurden in den ersten Jahren Lot- und Unterwasserkommunikationsgeräte erprobt. In der Kriegsführung des Zweiten Weltkriegs erlangte die Radartechnik eine große Bedeutung und wurde meist in Verbindung mit Flakstellungen und der Jägerleitung gegen feindliche Bomberverbände eingesetzt.
Die 1934 gegründete Gesellschaft für elektroakustische und mechanische Apparate entwickelte in enger Zusammenarbeit mit dem Militär Sonaranlagen für U-Boote und Minensucher sowie Radaranlagen, die zum damaligen Zeitpunkt einen strategischen Vorteil gegenüber dem Kriegsgegner darstellten. Auf der Flucht vor der Roten Armee wurden Produktionsstätten der Funkmesstechnik aus den zu evakuierenden schlesischen Gebieten kurz vor Ende des Zweiten Weltkriegs nach Ostholstein in die Orte Pelzerhaken und Lensahn verlegt.
In den letzten Jahren wurden fast alle Gebäude geschliffen, bis auf den markanten und weithin sichtbaren Versuchsturm des Nachrichtenmittelversuchskommandos, der in den letzten Jahren saniert wurde. In den Feuchtwiesen findet man noch einige Fundamente für Versuchsaufbauten, die der Entwicklung von Funkmesstechnik gedient hatten.

38 Rensefelder Friedhof

Lübecker Straße 69
23611 Bad Schwartau

In Bad Schwartau gab es während des Kriegs verschiedene Lager für ausländische Kriegsgefangene und Zwangsarbeiter. Die Häftlinge wurden vorwiegend in Industriebetrieben eingesetzt. Auf dem Rensefelder Friedhof befindet sich ein Mahnmal für Opfer des Nationalsozialismus. Neben einem großen Kreuz in der Mitte sind auf der linken Seite ein Davidstern als Symbol für die jüdischen Opfer und auf der rechten Seite ein Häftlingswinkel als Symbol für die KZ-Häftlinge eingemeißelt.

Brennende »Cap Arcona« am 3. Mai 1945

Gedenkveranstaltung auf dem Ehrenfriedhof »Cap Arcona«, 1946

Modernisierter Gebäudekomplex des ehemaligen Nachrichtenmittelversuchskommandos

REGION LÜBECK

Lübeck war nicht nur ein bedeutender Marine- und Rüstungsstandort an der Ostseeküste, sondern spielte auch in der Ideologie der Nationalsozialisten eine wichtige Rolle. Als »Denkmal norddeutscher Baukultur« sollte der historische Stadtkern erhalten und verschönert werden. Während des Zweiten Weltkriegs kamen die Planungsarbeiten zum Erliegen und wurden auf die Zeit nach Kriegsende verschoben.
Die alliierten Luftangriffe auf Lübeck begannen in der Nacht vom 28. zum 29. März 1942 und gingen als erstes Flächenbombardement des Kriegs in die Geschichte ein. Große Teile der Altstadt sowie der Dom wurden verwüstet oder zerstört. Der Architekt Friedrich Tamm wurde im Mai 1944 zum Chef der Wiederaufbaumaßnahmen der Stadt ernannt. Seine Vorschläge dienten dann als Grundlage des Wiederaufbaus von Lübeck, der 1947 begann.

Lübecker Dom und Umgebung nach einem Luftbombardement, 1942

39 **Reichsbankgebäude / Landeszentralbank**

Baubüro der Reichsbank
nach einem Entwurf von H. Wolff
Erbaut 1934 - 1936
Holstentor 2 - 2a
23552 Lübeck

Der Dawes-Plan vom 30. August 1924 wandelte die Reichsbank in eine von der Reichsregierung unabhängige Anstalt um. Ein Generalrat, bestehend aus sieben deutschen und sieben ausländischen Mitgliedern, wählte den Reichsbankpräsidenten. Dieser hatte lediglich Bestätigungsrechte. Als neues Zahlungsmittel führte man die Reichsmark ein.
Nach 1933 wurde der Generalrat abgeschafft, und der Reichspräsident allein ernannte und entließ von nun an den Reichsbankpräsidenten sowie die Mitglieder des Direktoriums der Reichsbank. Ab dem 10. Februar 1937 unterstand die Reichsbank wieder der Reichsregierung und ab dem 15. Juni 1939 direkt dem »Führer und Reichskanzler« Adolf Hitler. Es folgte eine Umbenennung in »Deutsche Reichsbank«. Aufgrund der neuen Hierarchie konnte Hitler selbst Kredite an das Reich gewähren.

Ehemaliges Reichsbankgebäude

Am Holstentor befindet sich die ab 1934 erbaute Außenstelle Lübeck der Reichsbank. Außer den am Gebäude angebrachten Schmuckelementen aus der Sagen- und Märchenwelt kann man auf dem Gesimsstein noch immer den Spruch lesen: »Erbaut von deutschem Willen«.
Heute hat die Landeszentralbank hier ihren Sitz.

40 »Lübecker Volksbote«

Dr.-Julius-Leber-Straße 30
23552 Lübeck

Der »Lübecker Volksbote« erschien ab 1894 als sozialdemokratische Tageszeitung, für die Anfang der 30er Jahre auch Willy Brandt, damals noch Schüler, schrieb. Als bekanntester Chefredakteur arbeitete Julius Leber nach seiner Promotion und dem Eintritt in die SPD von 1921 bis 1933 für die Zeitung.
Nach dem Reichstagsbrand am 28. Februar 1933 wurde ein zweiwöchiges Erscheinungsverbot der Tageszeitung ausgesprochen, die sich bis dahin publizistische Gefechte mit völkischen Zeitungen geliefert hatte. Außer dem »Lübecker Volksboten« erschienen am 1. April 1933 nur noch fünf andere sozialdemokratische Zeitungen in Deutschland. Viele Redakteure, die dem Nationalsozialismus kritisch gegenüberstanden oder ihn ablehnten, befanden sich zu diesem Zeitpunkt bereits in »Schutzhaft«.
Der »Lübecker Volksbote« wurde im Mai 1933 gleichgeschaltet und das Gebäude im März 1942 in der damaligen Johannisstraße durch einen Luftangriff zerstört.
Zu Ehren Lebers wurde auf dem Lübecker Ehrenfriedhof Sandberg an der Travemünder Allee eine symbolische Grabstätte angelegt.

41 Katholische Propsteikirche Herz Jesu

Erbaut 1888 - 1891
Parade 4
23552 Lübeck

Die Krypta der Katholischen Propsteikirche (Herz-Jesu-Kirche) ist heute eine Gedenkstätte für vier von den Nationalsozialisten am 10. November 1943 in Hamburg hingerichtete Lübecker Geistliche. Der evangelische Pastor Friedrich Stellbrink und die katholischen Priester Johannes Prassek,

Lübecker Volksbote.

Organ für die Interessen der werkthätigen Bevölkerung.

Telephon Nr. 926. Mit der illustrirten Sonntagsbeilage „Die Neue Welt“. Telephon Nr. 926.

Zeitungskopf des sozialdemokratischen »Lübecker Volksboten«

Julius Leber 1881–1945

Julius Leber vor dem Volksgerichtshof, 1944

Julius Leber wurde am 16. November 1881 im elsässischen Biesheim geboren. Nach dem Abitur studierte er Geschichte und Nationalökonomie in Straßburg und Freiburg. Vor dem Abschluss des Studiums meldete er sich 1914 freiwillig zum Kriegsdienst, wurde als Soldat zweimal verwundet und blieb auch nach Kriegsende in der Armee. 1920 quittierte Leber den Militärdienst, schloss sein Studium ab und promovierte.
Nach der Übersiedlung nach Lübeck wurde Julius Leber Chefredakteur des sozialdemokratischen »Lübecker Volksboten«. Der politisch engagierte Leber ging 1924 als Abgeordneter für die SPD in den Reichstag und befasste sich vor allem mit der Wehrpolitik. Dem »Reichsbanner Schwarz-Rot-Gold«, der dem politischen Radikalismus entgegenwirken wollte, trat Leber 1930 bei. Als Gegner des NS-Systems war er nach 1933 immer wieder eine Zielscheibe der Nationalsozialisten. Ein missglückter Mordanschlag, monatelange Gefängnisaufenthalte und die wiederholte Inhaftierung in Konzentrationslagern konnten Lebers Engagement nicht brechen, und er unterstützte weiterhin den Widerstand. Durch einen Spitzel der Gestapo abermals belastet und am 20. Oktober 1944 vom Volksgerichtshof zum Tode verurteilt, wurde Julius Leber am 5. Januar 1945 in Berlin-Plötzensee hingerichtet.

Hermann Lange und Eduard Müller waren wegen »Vorbereitung zum Hochverrat« und »Rundfunkverbrechens« vom Volksgerichtshof während des »Lübecker Christenprozesses« vom 22. bis 24. Juni 1943 zum Tode durch die Guillotine verurteilt worden.
Die Geistlichen hatten unter anderem Meldungen ausländischer Sender und Berichte von der Front in religiösen Zirkeln, aber auch in Jugend- und Soldatengruppen kritisch diskutiert. Als einen Tag nach den schweren Luftangriffen englischer Bomber auf Lübeck am 28./29. März 1942 Pastor Stellbrink von der Kanzel herab die britischen Bombardements als »Gottesurteile« bezeichnete, wurde er von der Gestapo verhaftet und inhaftiert. Neben den Todesurteilen für die vier Geistlichen erhielten auch andere kirchliche Würdenträger und Mitarbeiter Gefängnisstrafen.

42 Zeughaus / Polizeipräsidium / Völkerkundemuseum

Erbaut 1594
Parade 10
23552 Lübeck
Besichtigung der Haftzellen auf Anfrage

Das ursprünglich 1594 als Kornspeicher errichtete Gebäude wurde im 19. Jahrhundert als Lager für Waffen und Ausrüstungsgegenstände der städtischen Garnison und im 20. Jahrhundert als Polizeipräsidium genutzt. Während der NS-Zeit befanden sich im Keller des ehemaligen Zeughauses Haftzellen der Geheimen Staatspolizei der Region Lübeck. Hier begann oft der Leidensweg vieler unschuldiger Personen unter der nationalsozialistischen Gewaltherrschaft.
Am 14. Dezember 1986 wurde in einer Mauernische neben dem Zeughaus, in dem heute die Völkerkundesammlung untergebracht ist, eine Tafel zum Gedenken der Opfer des Nationalsozialismus enthüllt.

Völkerkundemuseum

Auf Anfrage können die noch erhaltenen Haftzellen im Keller des Gebäudes besichtigt werden.

43 Drägerwerke

Erbaut 1936-1941
Moislinger Allee 53-55
23558 Lübeck

Die Drägerwerke der Gebrüder Heinrich und Bernhard Dräger in Lübeck stellten Rüstungsgüter für die Luftwaffe und Marine her, insbesondere Gasschutz- und Atemgeräte sowie U-Boot-Teile. Aber auch in vielen Luftschutzbunkern wurde Lüftungs- und Filtertechnik der Drägerwerke verwendet. Aufgrund der gestiegenen Nachfrage an entsprechenden Gütern wurden in diesem Werk ebenfalls Zwangsarbeiter eingesetzt. Ein Arbeitslager befand sich direkt auf dem Werksgelände als Außenlager der Konzentrationslager Sachsenhausen und Buchenwald.
Einige Gebäude der Drägerwerke sind noch vorhanden, Überreste der Zwangsarbeiterlager gibt es nicht mehr.

44 Luftschutzturm Bauart Winkel

Erbaut ab 1940
Berliner Straße 10
23560 Lübeck

In Lübeck wurden zwischen 1940 und 1942 verschiedene Hochbunker errichtet, die sich in das Stadtbild einfügten und sowohl für die Zivilbevölkerung vorgesehen waren, wie auch als Werkschutzanlagen dienten. Wie in vielen anderen Städten reichte die Kapazität der Bunker bei weitem nicht aus, um alle Schutzsuchenden aufzunehmen. So waren die Luftschutzbunker bei Fliegeralarm vielfach überbelegt.
Ein Luftschutzturm der Bauart Winkel (→ S. 12), benannt nach seinem Konstrukteur Leo Winkel, befindet sich noch immer in der Berliner Straße auf

Verwaltungsgebäude der Drägerwerke

Luftschutzturm der Bauart Winkel in Lübeck

dem Hof eines Autohauses. Der Bunker hat acht Etagen und bot Platz für etwa 350 Personen.
Nach dem Zweiten Weltkrieg wurden die meisten Bunker entfestigt oder in moderne Zivilschutzeinrichtungen umgebaut. Hochbunker, die für den Zivilschutz vorgesehen sind, finden sich in Lübeck besipielsweise in der Ziegelstraße 2 a oder im Töpferweg / Ecke Georgstraße.

45 SA-Siedlung »Falkenfeld« / Wohnsiedlung

Carl von Ladiges
Erbaut 1934
Triftstraße 37-61, Am Schwarzen Berg 1-60, Karpfenbruchwiese 1-86, Lehmkuhlenweg 1-70 u. a.

Um den Wohnungsmangel zu beheben, wurden ab 1930 mehrere Siedlungen in und um Lübeck errichtet. Das Stadtgebiet wurde so verdichtet, aber auch durch Eingemeindungen weiter ausgedehnt.
In der SA-Siedlung »Falkenfeld« baute der Deutsche Siedlerbund ab 1934 Einfamilien- und Doppelhäuser. Bei einigen wenigen Häusern ist noch das Hakenkreuzmuster aus Ziegelaussparungen im Giebeldreieck zu sehen. Der ehemalige Aufmarschplatz wird heute als Park- und Festplatz genutzt. In der Triftstraße ist das zentrale, in Holzbauweise errichtete Gefolgschaftshaus samt unter dem Platz gelegenen Luftschutzbunker erhalten geblieben.

46 Vorwerker Industriehafen

Frankfurter Straße
23554 Lübeck

Am Vorwerker Industriehafen wurden im April 1945 KZ-Häftlinge auf Schiffe gebracht, um ihre Befreiung durch die Alliierten zu verhindern.
Eine an einem Silo am Einschiffungskai angebrachte Gedenktafel erinnert seit dem 3. Mai 1990 an die Opfer der Verschleppungsmaßnahmen und die Katastrophe in der Neustädter Bucht (→ S. 32). Die Inschrift lautet: »In das Konzentrationslager Hamburg /

Speicher (mit Gedenktafel und Silo) am Vorwerker Industriehafen

Neuengamme verschleppten Gestapo und SS-Sicherheitsdienst 1940 bis 1945 106 000 männliche und weibliche Häftlinge aus über 20 Ländern. 55 000 überlebten das Lager nicht. Nach einem Befehl des Reichsführers der SS Heinrich Himmler sollte kein Häftling lebendig in die Hände des Feindes fallen. Vom 20. bis 26. April 1945 schaffte die SS-Lagerführung mehr als 9000 Häftlinge nach Lübeck. Hier bei dem Getreidesilo wurden sie auf die Schiffe gebracht: 4600 auf die ›Cap Arcona‹, 2800 auf die ›Thielbek‹, 2000 auf die ›Athen‹.
Am 3. 5. 1945 griffen britische Jagdbomber die Schiffe in der Neustädter Bucht an. Die ›Thielbek‹ sank sofort. Die ›Cap Arcona‹ geriet in Brand und kenterte. Über 7000 Häftlinge fanden den Tod.«

47 Vorwerker Friedhof

Erwin Barth
Erbaut 1905–1907
Friedhofsalle 83
23554 Lübeck

Der 1907 eröffnete Vorwerker Friedhof ist mit einer Größe von 53 Hektar der größte Friedhof in Lübeck und entstand ab 1905 nach Plänen von Erwin Barth, dem späteren Stadtgartendirektor und Professor für Gartenbaukunst in Berlin. In der parkähnlichen Anlage befinden sich verschiedene zentrale nationale Gedenkstätten Estlands, der Ukraine, Litauens und der Niederlande. Des Weiteren gibt es Grab- und Gedenkstätten für die gefallenen deutschen Soldaten beider Weltkriege, die gefallenen russischen Soldaten und die Opfer der Zwangsarbeit und der

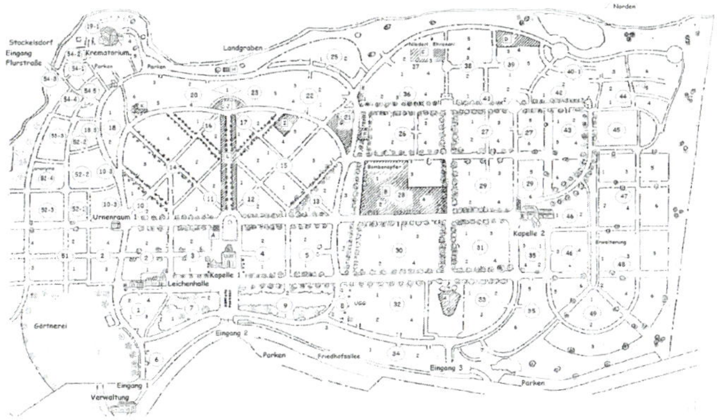

Übersichtsplan Vorwerker Friedhof

Schutz durch das Rote Kreuz

1944 erreichte der Schweizer Diplomat und Präsident des Internationalen Komitees des Roten Kreuzes, Carl Jacob Burckhardt, dass der Lübecker Hafen als Umschlaghafen für Schiffe des Roten Kreuzes anerkannt wurde und die Stadt somit vor weiteren Bombardierungen geschützt werden konnte. 1950 erhielt er für seine Verdienste die Ehrenbürgerschaft der Stadt Lübeck.

Am 19. Februar 1945 verhandelte Heinrich Himmler mit dem Vizepräsidenten des Schwedischen Roten Kreuzes, Graf Folke Bernadotte, über die Freilassung von skandinavischen KZ-Häftlingen. Zusätzlich zu den etwa 8000 Häftlingen skandinavischer Herkunft wurden im Rahmen dieser Mission ungefähr 10 000 bis 12 000 Häftlinge anderer Nationalitäten, vor allem aus Ravensbrück und Theresienstadt, zunächst im Lager Neuengamme bei Hamburg gesammelt und später nach Schweden überführt.
Bei einem weiteren Treffen am 23. April 1945 unterbreitete Himmler in Lübeck dem Grafen Bernadotte einen Vorschlag für einen Waffenstillstand (Separatfrieden) mit den USA und Großbritannien. US-Präsident Harry S. Truman lehnte das Angebot ab und Himmler wurde wegen seines eigenmächtigen Handelns einige Tage später von Hitler aus seinen Ämtern entlassen.

Konzentrationslager. Fast 3000 Menschen, die im Zweiten Weltkrieg umkamen, sind auf dem Friedhof bestattet.
Eine Gedenkstätte im Stil eines griechischen Lichthofes wurde für die Opfer des Nationalsozialismus in den 50er Jahren eingeweiht. Die Reliefs an den Seitenwänden stellen Erschießungskommandos, Folter und Zwangsarbeit dar.

48 Jüdischer Friedhof

Niendorfer Straße
23560 Lübeck-Moisling

Die Hälfte der in Lübeck lebenden Juden war bis 1939 ausgewandert. Von den 203 in Lübeck verbliebenen Juden wurden am 6. Dezember 1941 mit einem Transport 90 Personen in das Konzentrationslager Jungfernhof bei Riga deportiert. Die letzten Sammeltransporte gingen 1942/43 in das Ghetto Theresienstadt. Nur drei Juden aus Lübeck überlebten Deportation und Lager.
Auf dem Jüdischen Friedhof befindet sich ein Gedenkstein, der von zwei halbhohen Pfeilern mit steinernen Kugeln, dem Davidstern und den Jahreszahlen 1933 – 1945 flankiert wird. Unter einer hebräischen Inschrift lautet die deutschsprachige Widmung: »Den gemordeten sechs Millionen unseres Volkes und ihren Brüdern und Schwestern aus Lübeck zur unverlierbaren Erinnerung.«

49 Heimsiedlung Siems / Siedlung Siems-Dänischburg

Stadtbauamt
Erbaut 1935/36
Dänischenburger Landstraße, Kiesweg, Halmweg, Langenreem

Am nördlichen Stadtrand von Lübeck ließ das Stadtbauamt 1935/36 in einer Siedlung Notwohnungen bauen, die unter anderem für Langzeitarbeitslose und für solche Familien gedacht

Gräberfeld auf dem Jüdischen Friedhof in Lübeck

Unterkunftsgebäude auf dem ehemaligen Fliegerhorst Lübeck-Blankensee

waren, die aus der »Volksgemeinschaft« ausgeschlossen werden sollten. Als Vorsteher der Heimsiedlung Siems agierte ein überzeugter Nationalsozialist. Der damalige Stadtrat Graemer hatte vorgeschlagen, »diese Kolonie als geschlossene Anstalt zu führen«. Der zuständige Stadtbaudirektor und oberste Denkmalpfleger Hans Wilhelm Pieper befürwortete das Vorhaben und bezeichnete es als »Konzentrationslager für asoziale Familien«.
Heute ist dort eine über die Jahre hinweg modernisierte oder neu errichtete Ein- und Mehrfamilienhaussiedlung entstanden.

50 Fliegerhorst Lübeck-Blankensee / Flughafen Lübeck GmbH

Erbaut 1933–1937
Blankenseer Straße 101
23560 Lübeck

Viele Einheiten nutzten den Fliegerhorst in Lübeck-Blankensee während des Kriegs als Zwischenstation. In den letzten Kriegsmonaten herrschte auf dem Platz wegen der Rückverlegung aus dem Osten reger Betrieb. Der Fliegerhorst wurde schließlich von so vielen Einheiten frequentiert, dass die nahegelegene Autobahn und die benachbarten Grasflächen als Start- und Landebahnen herhalten mussten.

Bunker am Rollfeld des Fliegerhorsts Blankensee

Einmannbunker auf dem Gelände der Waffenfabrik in Schlutup

Am 2. Mai 1945 wurde der Platz von den Briten eingenommen und die durch die Luftangriffe zerstörten Anlagen so weit ausgebessert, dass ein Flugbetrieb wieder möglich war.
In den ersten Nachkriegsmonaten entstand auf dem ehemaligen Fliegerhorst eine britische Sammelstelle für erbeutetes Kriegsgut, das anschließend nach Großbritannien gebracht wurde. Während der Berlin-Blockade in den Jahren 1948/49 starteten von hier aus britische Dakotas zu bis zu 100 Versorgungsflügen täglich nach Berlin.
1952 wurde der zivile Segelflugbetrieb wieder aufgenommen und die Anlage zum Flugplatz Lübeck-Blankensee ausgebaut.

51 Deutsche Waffen- und Munitionsfabrik Schlutup / Physikalisch-Technische Lehranstalt

Heereswaffenamt / Organisation Todt
Erbaut 1935–1944
Wesloer Straße
23568 Lübeck

Zusammen mit der benachbarten Fabrik »Maschinen für Massenverpackungen GmbH« nahm das Areal der Schlutuper Waffen- und Munitionsfabrik 400 Hektar ein. Hier wurde Munition verschiedenster Kalibergrößen sowie Granaten und Artilleriehülsen produziert. Während des Zweiten Weltkriegs haben in den Rüstungswerken bis zu 10 000 Personen gearbeitet, ein Großteil von ihnen waren Zwangsarbeiter, die in Lagern rund um die Fabriken untergebracht waren. Das Areal ist nicht bombardiert worden und überstand den Krieg dank der guten Tarnung – man hatte die Dächer des Gebäudes bepflanzt – ohne Schaden. Einige Munitionsgebäude und Einrichtungen des Rüstungswerkes wurden nach dem Zweiten Weltkrieg gesprengt und demontiert. Im Jahr 1962 wurde auf dem Gelände die Physikalisch-Technische Lehranstalt, die erste private Schule in der Bundesrepublik zur Förderung des naturwissenschaftlichen Nachwuchses, eröffnet. Heute werden viele der erhaltenen Gebäude als Industrie- und Gewerbepark genutzt.

Verwaltungsgebäude der ehemaligen Waffen- und Munitionsfabrik Schlutup

Erprobungsstelle Travemünde, um 1939

52 Halbinsel Priwall – Erprobungsstelle See Travemünde

Fliegerweg
23570 Lübeck-Travemünde

Mit der heimlichen Aufrüstung vor 1933 wollte die Marineleitung der Reichswehr eigene, nur ihrem Kommando unterstehende Luftstreitkräfte aufstellen. Auf Druck von Hermann Göring (»Alles was fliegt, gehört mir«) wurden die Einheiten der Marineflieger 1935 vollständig der neu aufgestellten Luftwaffe zugeordnet.
Seit 1918 befand sich auf dem Priwall die Casper-Werke GmbH, die zunächst eigenständig Flugzeuge entwickelt und gebaut hatte. Ab 1925 erhielten ehemalige Marineflieger sowie Marineangehörige Sitze im Vorstand und im Aufsichtsrat der Casper-Werke und konnten so die Aufrüstung forcieren. Zu dieser Zeit fanden schon die ersten Erprobungen und Entwicklungen von militärischen Luftfahrzeugen statt, Projekte, die aber nach außen hin zivil getarnt waren. 1926 begann man, den Priwall zum Land- und Seeflughafen auszubauen. Ein »Luftkreuz des Nordens« sollte entstehen. Zum ersten Mal taucht die Bezeichnung »Seeflugzeug-Erprobungsstelle des Reichsverbandes der Deutschen Luftfahrtindustrie« 1928 auf. Zwei Jahre später ging das gesamte Vermögen der Casper-Werke nach einem Beschluss der Generalversammlung an das Reich über. Die Deutsche Lufthansa unterhielt zusätzlich einen Flugbetrieb von und nach Lübeck-Travemünde.

Ruinen des ehemaligen Luftzeugamts See in Pötenitz

Die Nationalsozialisten trieben nach der Machtübernahme den Ausbau des Areals und die Erweiterung der Aufgaben voran. Mit dem »Führererlass« vom 26. Februar 1935 fielen die Wehrbeschränkungen weg, und eine zivile Tarnung musste nicht mehr aufrechterhalten werden. Die Erprobung der Sonderausrüstung (unter anderem Flugzeugbewaffnung) lagerte man ab 1938/39 nach Tarnewitz (→ S. 50) aus.

Fast sämtliche Gebäude der Erprobungsstelle wurden nach dem Krieg abgetragen, auf dem Flugfeld befindet sich heute eine Weidefläche. Als bauliches Zeugnis der NS-Zeit sind heute nur noch die Kasernengebäude erhalten geblieben, in denen ein Krankenhaus untergebracht ist.

Ehemaliges Flugfeld der Erprobungsstelle Travemünde

53 Luftzeugamt 2/XI (See) – Pötenitz

Siedlung
23942 Dassow

Das Luftzeugamt in Pötenitz wurde 1936/37 für die Küstenflieger eingerichtet und arbeitete mit der Erprobungsstelle Travemünde/Priwall zusammen. Es entstanden zahlreiche Gebäude, Lagerhallen, Bunker und Unterkünfte auf einem Areal von 53 Hektar. Neben der Funktion als Luftzeugamt (Ausstattung von Seeflugzeugen mit militärischer Ausrüstung und Bevorratung von Ersatzteilen) wurden hier Flugzeuge repariert, gewartet und umgerüstet.

Im Sommer 1947 demontierten die Sowjets das Zeugamt und sprengten die restlichen Gebäude.

Quer durch das Areal verlief bis 1989 die innerdeutsche Grenze. Von den Grenzsicherungsanlagen der DDR steht noch immer ein Wachturm inmitten der Betonreste des ehemaligen Luftzeugamtes.

Das Ruinengelände erobert sich die Natur von Jahr zu Jahr mehr zurück, es ist inzwischen zu einem Naturschutzgebiet erklärt worden.

Flüchtlingsströme

Die Flucht der deutschen Bevölkerung aus den Ostgebieten vor der heranrückenden Roten Armee leitete die größte Bevölkerungswanderung des Zweiten Weltkriegs ein. Nach Zusammenbruch der Heeresgruppe Mitte im Jahr 1944 wurde der Krieg auch für die Zivilisten in manchen östlichen Regionen des Deutschen Reiches zur ernsten Gefahr. Im Oktober desselben Jahres war die Rote Armee erstmals auf deutschen Boden vorgedrungen, und den aufgestauten Hass der sowjetischen Soldaten über die Zerstörungen und willkürlichen Erschießungen in der Heimat bekam nun die deutsche Zivilbevölkerung zu spüren. Aus Furcht vor Exzessen der Rotarmisten flüchteten viele Deutsche aus dem Osten in das vermeintlich sichere Reich. NSDAP-Funktionäre stellten die Flucht unter Todesstrafe, da das Deutsche Reich bis zum letzten Mann verteidigt werden sollte. Viele Dörfer konnten erst kurz vor dem Eintreffen der Roten Armee unter chaotischen Umständen evakuiert werden. Bis Ende 1944 flohen etwa vier bis fünf Millionen deutsche Zivilisten aus den Ostgebieten. Als am 26. Januar 1945 Ostpreußen durch einen Vorstoß der Roten Armee abgeschnitten wurde, war eine Evakuierung nur noch über den Seeweg möglich. Das Ziel der Flüchtlingstrecks waren nun die letzten freien Ostseehäfen. Möglichkeiten für eine Überfahrt waren rar. Mit einer gewaltigen Rettungsaktion, an der fast 800 Militär-, Handels- und Passagierschiffe teilnahmen, wurden bis zum 8. Mai 1945 über den Seeweg zwei Millionen Menschen unter ständigen Angriffen der Roten Armee evakuiert. Auch das ehemalige KdF-Kreuzfahrtschiff »Wilhelm Gustloff« beteiligte sich an den Evakuierungsfahrten. Am 30. Januar 1945 legte das Schiff aus Gdingen (Gotenhafen) mit knapp 10 000 Passagieren an Bord ab und wurde in der Nacht desselben Tages durch Torpedos eines sowjetischen U-Bootes versenkt. Die zu Hilfe eilenden Schiffe konnten nur knapp 1200 Menschen retten. Fliegende Einheiten der Seenotgruppe beschützten die Flüchtlingstransporte und brachten ebenfalls Flüchtlinge aus den eingeschlossenen Gebieten heraus. Dennoch wurden noch weitere Flüchtlingsschiffe im Frühjahr 1945 durch sowjetische U-Boote versenkt, darunter der Passagierdampfer »Steuben« (ca. 4000 Passagiere) und das Frachtschiff »Goya« (ca. 7000 Passagiere).

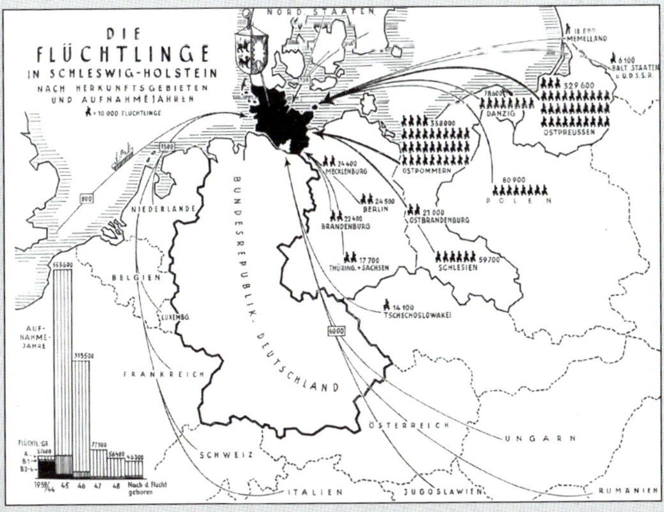

Viele Flüchtlingsströme endeten in Schleswig-Holstein.

MECKLENBURGER BUCHT

Wismar, Rostock

REGION WISMAR

Die Stadt Wismar galt aufgrund des Marinestützpunktes, der Triebwagen- und Waggonfabrik, der Flugzeugwerft Dornier und weiterer Industriezweige als bedeutende Hansestadt und Rüstungsstandort an der Ostseeküste. Der Krieg endete in der Stadt am 2. Mai 1945.

1 »Hermann-Göring«-Heim / Allgemeine Förderschule »Anne Frank«

Garloff, H. H. Matthiesen
Erbaut 1937/38
Rudolf-Hartmann-Straße 13
23923 Schönberg

Wie an vielen Orten im Deutschen Reich wurde auch in Schönberg ein »Hermann-Göring«-Heim errichtet, das der parteikonformen Erziehung der deutschen Jugend – organisiert in der Hitler-Jugend (HJ) und dem Bund Deutscher Mädel (BDM) – dienen sollte. Diese Orte galten als »Heimstätten der Treue des jungen Volkes zum heiligen Vaterland«. Aktuell wird das ehemalige Heim von der Allgemeinen Förderschule »Anne Frank« genutzt. In unmittelbarer Nähe des eingeschossigen Gebäudes befindet sich ein Sportplatz sowie auf der gegenüberliegenden Straßenseite eine Freilichtbühne, die im Nationalsozialismus vermutlich als Thingstätte (→ S. 62) genutzt wurde.

2 »Cap Arcona«-Gedenkstätte Grevesmühlen

Städtisches Museum Grevesmühlen
Museums- und Vereinshaus am Kirchplatz
23936 Grevesmühlen
Ganzjährig Mo–Fr 10–17 Uhr, April–September auch Sa 10–14 Uhr

Gedenkstätte Grevesmühlen

Angespülte Leichen von Menschen, die bei der Katastrophe des Häftlingsschiffes »Cap Arcona« ums Leben gekommen waren (→ S. 32), wurden auch bei Groß Schwansee beerdigt und dann auf den Tannenberg in Grevesmühlen umgebettet.

Anne-Frank-Schule im ehemaligen »Hermann-Göring«-Heim ▼

◄ Speicher am Rostocker Hafen, vor 1945

Gedenktafel für die Opfer der »Cap Arcona« in der Gedenkstätte Klütz

Am 8. September 1957 weihte man die zentrale »Cap Arcona«-Gedenkstätte auf dem Gebiet der DDR ein. 407 Opfer fanden in einer umgestalteten Parkanlage ihre letzte Ruhestätte. Im Stadtgeschichtlichen Museum befindet sich eine kleine Dauerausstellung zum Unglück der »Cap Arcona«.

3 Jüdischer Friedhof Grevesmühlen

Vielbecker Weg
23936 Grevesmühlen

Nach der Emigration der letzten vier Juden aus Grevesmühlen im Jahr 1933 verfiel auch der kleine Jüdische Friedhof. Unbekannte schändeten und zerstörten den Gottesacker im Jahr 1940.
Ein 1948 aufgestellter Gedenkstein trägt unterhalb eines Davidsterns die folgende Inschrift:

1940
Aus Rassenhass von
den Nazis zerstört
Aus Menschenliebe von
den Demokraten geehrt
1948

Bis heute wird der Friedhof von der Stadt gepflegt und als Gedenkstätte erhalten.

4 Gedenkstätte Klütz

Friedhof Klütz
Wismarschen Straße
23948 Klütz

Im Mai 1945 wurden mehrere Leichen am Strand im Bereich der Redewischer Höhe angespült. Die Toten gehörten zur »Cap Arcona« oder anderen Häftlingsschiffen, die in den letzten Kriegstagen bombardiert worden waren. (→ S. 32). Sie wurden zunächst am Strand beigesetzt, später exhumiert und auf dem Klützer Friedhof bestattet. Ein rechteckiger Gedenkstein aus Granit erinnert seit 1970 an die Toten.

5 Halbinsel Tarnewitz

Angelegt 1935 – 1938
Ostseebad Boltenhagen

Die künstlich aufgespülte Halbinsel vor der Wohlenberger Wiek bei Tarnewitz wurde als Erprobungsstelle für die Flugzeugbewaffnung angelegt. 80 Prozent des Areals sind durch Neulandgewinnung auf einer Untiefe in der Ostsee entstanden. Der Aufbau eines Land- und Seeflugplatzes mit Schießbahnen und einem großzügigen Sperrgebiet stellte ein ideales Gelände für die Erprobung von verschiedensten Flugzeugbewaffnungen dar – vom Prototypen bis hin zur Einsatzreife.

Uferbereich der ehemaligen Erprobungsstelle Tarnewitz

In einer Kältekammer (bis minus 60 °C) und einer Unterdruckkammer, in der Höhenflüge bis 15 000 Meter simuliert werden konnten, wurden Geräte auf ihre Einsatztauglichkeit getestet. Für die Schießübungen existierten in der Ostsee mehrere Zieleinrichtungen, deren Betonunterbauten noch immer sichtbar sind. Des Weiteren fanden Beschussversuche auf geschleppte Zielscheiben in der Luft statt, aber auch auf ausgemusterte Flugzeuge oder entsprechende Flugzeugteile, U-Boote und Panzer, die auf dem Areal aufgestellt waren.
Nach dem Krieg gesprengt und teilweise von der Nationalen Volksarmee der DDR nachgenutzt, zeugen heute nur noch einige wenige Spuren von der Erprobungsstelle. Auf dem alten Flugfeld befindet sich mittlerweile ein Naturschutzgebiet. Die Kaianlage, auf der einst die Schießhalle stand, wurde mit einer Hotelanlage überbaut.

6 Flugplatz Wismar / Norddeutsche Dornier-Werke / Industriegebiet

Phillip Jakob Manz, Ernst Zinßer
Erbaut 1934/35
Industriegebiet Wismar
23970 Wismar

Die Flugzeugfabrik und der Werkflugplatz im Norden von Wismar wurden für die Norddeutsche Dornier-Werke GmbH errichtet, da die Kapazitäten im Dornier-Stammwerk Manzell in Friedrichshafen nicht mehr ausreichten. In Wismar stellte man sowohl

Industriegebiet auf dem ehemaligen Flugplatz in Wismar

Treffen zwischen dem sowjetischen Marschall Rokossowsky der 2. Weißrussischen Front (links) und dem britischen Feldmarschall Montgomery der 21. Army-Group (vor ihm) in Begleitung von Stabsoffizieren bei Wismar am 7. Mai 1945. Die Stadt Wismar blieb bis Ende Juni 1945 von den britischen Streitkräften besetzt. Nach ihrem Abzug besetzten bereitstehende sowjetische Truppen sofort die Stadt.
Bereits am 25. April 1945 hatte ein Treffen der Alliierten Streitkräfte im Deutschen Reich stattgefunden, als amerikanische Spähtrupps im sächsischen Torgau an der Elbe auf russische Einheiten des 173. Schützenregiments gestoßen waren.

verschiedene eigene als auch – nach der zentralen Zuweisung durch das Reichsluftfahrtministerium – fremde Baumuster für Maschinen der Firmen Junkers, Heinkel und Focke-Wulf her. Mehrere hundert Flugzeuge haben jährlich das Werk in Wismar verlassen. Während des Kriegs waren mehr als 7000 Beschäftigte inklusive Zwangsarbeiter in allen Produktionsstätten der Norddeutschen Dornier-Werke eingesetzt. Zulieferbetriebe befanden sich zum Beispiel in Lübeck, Berlin-Reinickendorf und Neustadt-Glewe. In den letzten Kriegstagen verlegte eine Luftwaffeneinheit ihr Personal und ihre Maschinen von Barth nach Wismar. Bei Luftangriffen im April 1945 wurden die Dornier-Werke stark beschädigt, so dass die Fortführung der Produktion nicht mehr möglich war. Die noch vorhandenen Einrichtungen wurden nach den Beschlüssen der Potsdamer Konferenz demontiert.
Heute befindet sich ein Industriegebiet auf dem ehemaligen Areal des Flugplatzes und der Dornier-Werke.

7 **Werkssiedlung Wismar-Dargetzow**

Stadtbauamt
Erbaut 1936 – 1939
An der Bebberwiese, Süße Lotte, Am Kronskamp u. a.
23970 Wismar

Aufgrund der wachsenden Belegschaft in den zahlreichen Rüstungsbetrieben musste neuer Wohnraum in und um Wismar geschaffen werden. Ein Beispiel dafür ist der heutige Ortsteil Dargetzow, den das Stadtbauamt in den drei Jahren vor Kriegsausbruch als Werkssiedlung für die Stammarbeiter und Angestellten der Norddeutschen Dornier-Werke GmbH im Osten der Stadt erbauen ließ – inklusive einer Kirche, einer Schule und vielen Einkaufsmöglichkeiten.
Die nach 1939 ebenfalls zunehmende Zahl an Kriegsgefangenen, die in den großen Werken Zwangsarbeit verrichten mussten, wurde dagegen in verschiedenen, meist außerhalb der Stadt gelegenen einfachen Lagern untergebracht.

8 Gedenkstätte für die Toten der »Cap Arcona« – Halbinsel Poel

Rudolf Möller
Am Schwarzen Busch
23999 Insel Poel, OT Kirchdorf
Öffnungszeiten Heimatmuseum: Mai-Sept: täglich außer Montag 10-16 Uhr, Okt-April: Di, Mi, Sa 10-12 Uhr

Eine der Tafeln der Gedenkstätte auf der Halbinsel Poel

Auf der Halbinsel Poel wurden 1945 unweit der heutigen Gedenkstätte 28 Leichen angeschwemmt und am Strand begraben. Sie stammten von dem versenkten Häftlingsschiff »Cap Arcona« (→ S. 32). Zwischen 1946 und 1950 exhumierte man die Leichen und setzte sie am »Schwarzen Busch« in einem Wäldchen bei. Eine einfache Holzstele erinnert seit Ende des Kriegs an die Tragödie. 1979, anlässlich des 30-jährigen Bestehens der DDR, beschloss man, die Gedenkstätte nach einem Entwurf von Rudolf Möller neu zu gestalten. Sie wurde am 3. Mai 1980 zum 35. Jahrestag der »Befreiung« eingeweiht. Eine Betonstele trägt den roten Häftlingswinkel mit einer zum Schwur erhobenen Hand. Neben der Stele befinden sich vier Grabplatten mit Inschriften, die als Dreieck gestaltet sind.
Das Heimatmuseum der Insel Poel im Möwenweg 4 dokumentiert das Schicksal der ums Leben gekommenen Häftlinge, die historischen Hintergründe der Versenkung der »Cap Arcona« und der anderen Häftlingsschiffe in der Neustädter Bucht.

9 Fliegerhorst Rerik und Flak-Artillerieschule – Halbinsel Wustrow

Genutzt ab 1934
Haffplatz
18230 Rerik

Auf der etwa zehn Quadratkilometer großen Halbinsel Wustrow, die über eine schmale Landzunge mit dem Festland beim Ostseebad Rerik verbunden ist, entstand ab März 1935

Luftbild der Halbinsel Wustrow, um 1939

8,8-cm-Flakgeschütz auf der Halbinsel Wustrow

die größte Flak-Artillerieschule des Deutschen Reiches. In den folgenden Jahren wurde das militärisch genutzte Areal ausgebaut und erhielt einen Fliegerhorst.

Wehrmachtsangehörige aus dem gesamten Reich wurden auf Wustrow an den Flakgeschützen in mehrwöchigen Lehrgängen ausgebildet. Gleichzeitig forcierte man dort die Weiterentwicklung und Erprobung von Flakgeschützen. In den Jahren der Kriegsvorbereitung zog der Betrieb auf der Halbinsel viele hochrangige Besucher an. So ließen sich nicht nur der Oberbefehlshaber der Luftwaffe Hermann Göring, sondern auch Adolf Hitler und der italienische Faschistenführer Benito Mussolini am 25. September 1937 die neueste Technik und Flakschießübungen vorführen.

Der Fliegerhorst auf Wustrow wurde nicht so umfangreich ausgebaut wie Flugplätze für Einsatzeinheiten. Er sollte vor allem dazu dienen, die »Durchführung der fliegenden Zieldarstellung« für die Flak-Artillerieschule zu ermöglichen. Die für die Beschussversuche benötigten Schleppziele wurden bis zum Kriegsbeginn von zivilen Mitarbeitern mit Schleppflugzeugen präsentiert.

Vom Fliegerhorst Rerik aus wurden in den letzten Kriegswochen noch Einsätze gegen die vorrückende Rote Armee geflogen. Am 2. Mai 1945 übergab man das Areal kampflos den sowjetischen Truppen.

Zwischen 1949 und 1994 nutzte die Gruppe der Sowjetischen Streitkräfte in Deutschland (GSSD) trotz der Sprengung einiger Gebäude die Halbinsel Wustrow für ihre Zwecke und baute sie zu einem Garnisonsstandort aus, wo sie Soldaten erneut an der Flak ausbildete und einen Posten zur Funkaufklärung installierte.

Seit dem Abzug der russischen Streitkräfte ist das Areal ungenutzt, aber noch immer Sperrgebiet. Pläne zum Ausbau als Ferienanlage wurden bisher nicht verwirklicht.

10 Adolf-Hitler-Schule – Heiligendamm
Kinderstrand
18209 Heiligendamm

Der 1793 durch den Großherzog Friedrich Franz I. gegründete Ort Heiligendamm gilt als das älteste deutsche Seebad und war im 19. und beginnenden 20. Jahrhundert ein beliebtes Reiseziel des europäischen Hochadels. Aber auch bürgerliche Prominenz war hier zu Gast, wie etwa Wilhelm von Humboldt, und später – nach der Machtergreifung der Nationalsozialisten – die Parteiführer Joseph Goebbels, Hermann Göring, Adolf Hitler und Benito Mussolini. Noch bis 1936 war Heiligendamm nur den Besserverdienenden vorbehalten. Dann nutzte die Ferienorganisation Kraft durch Freude (KdF) der Deutschen Arbeitsfront (DAF) einige Gebäude und ermöglichte nun auch »Normalverdienern« den Aufenthalt in diesem Ort.
Am 15. Januar 1937 verfügte Adolf Hitler den Bau einer Eliteschule in Heiligendamm, die seinen Namen tragen sollte. Die Adolf-Hitler-Schulen dienten als Vorschule der NS-Ordensburgen und sollten ähnlich wie die Nationalpolitischen Erziehungsanstalten (Napola) den Nachwuchs für die NS-Führung heranbilden. Die Grundsteinlegung vollzog der Gauleiter des Gaus Mecklenburg, Friedrich Hildebrandt, genau ein Jahr später, am 15. Januar 1938, bei strömendem Regen und eisiger Kälte. Der Kriegsausbruch verhinderte die Fortführung der Bauarbeiten, und nur der ein Kilometer kurze asphaltierte Weg zum Kinderstrand erinnert heute an das Bauvorhaben.
1941 erfolgte der Verkauf des Areals für 1,7 Millionen Mark an die Reichsmarine, die hier eine Marinekriegsschule einrichtete. Die strahlendweißen Gebäude wurden ein Jahr später mit einem Tarnanstrich in dunklen Farben versehen.
Nach dem Zweiten Weltkrieg ging der gesamte Ort in Volkseigentum der DDR über, die dort unter anderem ein Sanatorium und eine Fachschule für angewandte Kunst einrichtete. Die Gebäude wurden in den Sommermonaten als Kinderferienlager des Ministeriums für Kultur genutzt. Mit der Wiedervereinigung wurde der Bund zum neuen Eigentümer des historischen Ortskerns von Heiligendamm, der 1996 das verwaiste Areal an die Fundus-Gruppe verkaufte. Einige Gebäude wurden seitdem saniert und in eine 5-Sterne-plus-Hotelanlage umgewandelt. Weltweit bekannt wurde Heiligendamm als Kulisse für den G8-Gipfel, der dort vom 6. bis zum 8. Juni 2007 stattfand.

Modell der geplanten Adolf-Hitler-Schule in Heiligendamm

REGION ROSTOCK

Den Aufstieg zur industriellen Großstadt hatte Rostock der Rüstungsindustrie zu verdanken. Insbesondere für das Personal der Heinkel-Flugzeugwerke und der Neptun-Werft entstand neuer Wohnraum. Vom 24. bis 27. April 1942 wurde Rostock Ziel des zweiten britischen Flächenbombardements. Verheerende Schäden in den Rüstungsbetrieben und der Innenstadt waren die Folge. Mehr als die Hälfte der historischen Bausubstanz wurde vernichtet. Während des Kriegs wurden auch aus Rostock Juden und sogenannte Geisteskranke deportiert und getötet, die meisten im Juli und November 1942. Die Rote Armee besetzte Rostock am 1. Mai 1945.

11 Flugplatz Warnemünde / Marineamt Warnemünde

Hohe Düne
18119 Warnemünde

Bereits ab 1912 wurde das Gebiet östlich der Warnow fliegerisch genutzt. Warnemünde war während der Weimarer Zeit eines der Zentren, in denen unter dem Deckmantel der zivilen Luftfahrt die heimliche Aus- und Weiterbildung von fliegendem Personal vorangetrieben wurde. Nach der Machtübernahme der Nationalsozialisten nutzte dann die neu aufgestellte Luftwaffe den Platz offen für militärische Zwecke. Der Fliegerhorst umfasste zwei Flugfelder und eine Seeflugstation und diente vornehmlich der Ausbildung von Piloten sowie bis 1937 auch für die Überführung der fertiggestellten Flugzeuge aus den nahegelegenen Heinkel-Werken zu zivilen Luftverkehrsunternehmen.
In den letzten Kriegsmonaten wurde auf den Platz die 9. Seenotstaffel und die Flugzeugführerschule A 4 aus dem zu evakuierenden Schlesien verlegt.
Die Anlagen des Platzes wurden nach dem Krieg fast vollständig demontiert. Nach der Volksmarine der DDR nutzt nun die Deutsche Marine das Areal. Etwa 2500 Beschäftigte sind im Marineamt, also auch am Marinestützpunkt Warnemünde, stationiert.

Luftbild des Marinestandorts Warnemünde

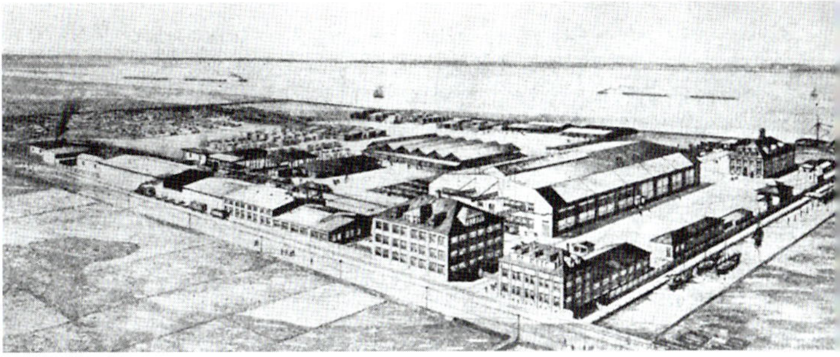
Produktionshallen der Arado-Werke, um 1938

12 **Arado-Werke / Aker Warnow Werft**

Ausgebaut 1933 – 1944
Werftallee
18119 Warnemünde

Ab 1924 produzierten die Arado-Werke auf dem Areal südlich von Warnemünde Flugzeuge in Kleinstserien für das Ausland. Mit Aufträgen der Luftwaffe begann 1934 die Serienproduktion von Klein- und Transportflugzeugen. Da sich die Geschäftsführung gegen die rüstungspolitischen Ziele der Nationalsozialisten zur Wehr setzte, wurden die Arado-Flugzeugwerke 1936 verstaatlicht. Obwohl das Programm erweitert und der Produktionsstandort ausgebaut wurde – zwischen 1932 und 1944 hat sich die Zahl der Beschäftigten von 287 auf 30 670 erhöht –, gelang es in den folgenden Jahren immer weniger, sich mit eigenen Modellen gegenüber anderen Flugzeugherstellern durchzusetzen, und die Auftragszahlen gingen zurück. Durch Aufschüttung von Sand aus der Warnow entstand ein Werksflugplatz in direkter Nachbarschaft der Fabrikhallen. Nun konnten die neuen Flugzeuge direkt vor Ort eingeflogen werden und mussten nicht mehr umständlich mit Flößen über die Warnow zum Flughafen Warnemünde transportiert werden. Einige Gebäude sind erhalten und werden von der Aker Warnow Werft nachgenutzt. Der Flugplatz wurde mit Produktionshallen überbaut und ist in der Landschaft nicht mehr erkennbar.

13 **Heinkel-Werke / Gewerbegebiet**

Baubüro Herbert Rimpl
Erbaut 1934 – 1944
Marieneher Straße
18069 Rostock

Die Karriere von Ernst Heinkel begann 1911 als Konstrukteur bei der Luft-Verkehrs-Gesellschaft (LVG) in Berlin-Johannisthal. Als Chefkonstrukteur sammelte er ab 1914 in den Brandenburgischen Flugzeugwerken in Briest weitere Erfahrungen. Im Jahr 1922 gründete Heinkel ein eigenes Konstruktionsbüro für Flugzeugbau in Warnemünde.
Wegen der günstigeren Entwicklungsmöglichkeiten und Ausbaubedingungen erfolgte ab 1934 der Bau eines neuen Flugzeugwerkes nach modernsten Gesichtspunkten in Rostock-Marienehe, wo verschiedene Flugzeuge im Auftrag der Luftwaffe oder in Zusammenarbeit mit dem Heereswaffenamt von Heinkel konstruiert und produziert wurden – so auch der zweimotorige Bomber He-111, der ursprünglich als Passagier- und Frachtflugzeug konzipiert worden war.
30 Maschinen dieses Typs setzte die »Legion Condor« bei ihren Luftangriffen gegen die spanische Republik im März 1937 ein (→ S. 59). Von der spanischen Luftwaffe wurden die Flugzeuge dieser Bauart bis in 70er Jahre hinein in Lizenz gefertigt.
Wegen der im Kriegsverlauf zunehmenden Luftangriffe wurde die Produktion in Zweigwerke – etwa in Barth

Relief an einem Wohnhaus der Mitarbeiter der Heinkel-Werke

(→ S. 74) – und in provisorischen Fertigungsstätten ausgelagert.
Die Ernst-Heinkel-Flugzeugwerke waren der erste Rüstungsbetrieb, der 1941 an die SS mit der Bitte herantrat, ihnen KZ-Häftlinge als Arbeitskräfte zu überlassen. Über 55 000 Beschäftigte waren in den Heinkel-Werken im Jahr 1945 tätig, etwa 17 000 von ihnen waren Zwangsarbeiter.
Nördlich der Produktionsanlagen befand sich der werkseigene Flugplatz, der teilweise auch von Luftwaffeneinheiten als Zwischenstopp zur Instandsetzung und Aufrüstung genutzt wurde. Das Areal ist mittlerweile komplett von einem Gewerbegebiet überbaut, die Außenwand einer Produktionshalle ist in der Nähe des Thomas-Müntzer-Platzes (→ S. 61) erhalten und steht unter Denkmalschutz.

Heinkel-Bomber He-111 der »Legion Condor«, 1939

Denkmalgeschützte Wand der ehemaligen Heinkel-Werke in der Lübecker Straße

»Legion Condor«

Im Juli 1936 begann mit dem Aufstand des Generals Francisco Franco gegen die demokratisch gewählte republikanische Regierung der Spanische Bürgerkrieg. Auf Seiten Francos beteiligte sich neben dem faschistischen Italien auch die deutsche Wehrmacht am Bürgerkrieg und stellte ein Expeditionskorps aus Luftwaffen-, Panzer-, Nachrichten-, Transport- und Ausbildungseinheiten zusammen, die »Legion Condor«.
Mit dem Einsatz in Spanien konnten die Wehrmachtsangehörigen ihre Wehrdienstzeit verringern und verdienten im Vergleich zu den im Reich stationierten Soldaten ein Vielfaches an Sold. Die Soldaten reisten in Zivilkleidung und als Urlauber getarnt im Rahmen eines von der NS-Freizeitorganisation Kraft durch Freudc (KdF) aufgestellten Ferienprogramms nach Spanien. Dort erhielten sie eine bräunlich-olivfarbene Uniform ohne deutsche Hoheitsabzeichen, da man fürchtete, eine offene Unterstützung Francos durch das nationalsozialistische Deutschland würde auf internationaler Ebene zu Sanktionen führen. Der militärische Einsatz diente vor allem der Luftwaffe als Möglichkeit, neuentwickelte Waffen und Taktiken unter Einsatzbedingungen zu testen. Die in Spanien erworbenen Erfahrungen flossen dann in die Vorbereitungen des Polen-Feldzuges ein. Am 1. April 1939 verkündete Franco den Sieg über die Republikaner. Während des Bürgerkriegs waren ungefähr 6000 deutsche Soldaten gleichzeitig eingesetzt, durch den regelmäßigen Austausch des Personals gehörten bis zum Ende der Kampfhandlungen etwa 19 000 Soldaten der »Legion Condor« an.
Vom deutschen Einsatz in Spanien ist vor allem die völkerrechtswidrige Bombardierung und völlige Zerstörung der baskischen Stadt Guernica am 26. April 1937 in Erinnerung geblieben. Beim diesem Luftangriff durch deutsche Kampfflugzeuge starben Hunderte von Menschen, eine genaue Zahl ist nicht überliefert.

Mitglieder der »Legion Condor« vor ihrer Einschiffung zurück nach Hamburg, Ende Mai 1939

Nach der Bombardierung durch die »Legion Condor« blieben von Guernica nur noch Trümmer übrig.

Einkaufszentrum in einer der ehemaligen Produktionshallen der Neptun-Werft

14 Neptun-Werft / Einkaufszentrum

Ausgebaut 1933 - 1944
Werftstraße
18057 Rostock

Nach der Weltwirtschaftskrise 1929 kämpfte die 1850 gegründete Neptun-Werft mit Auftragsrückgängen und Verlusten und musste schließlich 1932 Konkurs anmelden. Durch die Aufrüstungspläne der Nationalsozialisten wurde das Unternehmen wiederbelebt. Zwar wurden in der Werft erst einmal keine Schiffe mehr produziert, doch agierte man als Zulieferbetrieb für das Heereswaffenamt in Berlin, das man etwa mit Stahlplatten für verschiedene Waffengeräte versorgte. Der Herstellung von Stahlkonstruktionen sowohl für den Ausbau der Heinkel- und Arado-Werke vor den Toren der Stadt als auch für den Flughafen Warnemünde bescherte der Werft einen allmählichen Aufschwung. Erst 1936 nahm man schließlich den Schiffsbau wieder auf und belieferte die Marine mit Torpedoschiffen und Schnellbooten. Weitere Aufträge - auch von verbündeten Staaten wie Japan, Bulgarien, Spanien - folgten. Die Produktion von Flakgeschützen und Panzerplatten für Flugzeuge lastete dann das Werk vollends aus.
Die durch mehrere Luftangriffe zu großen Teilen zerstörte Werft wurde nach 1945 in eine Sowjetische Aktiengesellschaft (SAG Neptun) umgewandelt, die in den Nachkriegsjahren vorwiegend Reparationsleistungen für die Sowjetunion durchführte. Im Jahr 1953 wurde aus der SAG der Staatsbetrieb VEB Schiffswerft Neptun, und das Produktionsareal wurde fortan wieder ausgebaut.
Heute sind nur noch wenige originale Gebäude der Neptun-Werft erhalten; in einer Halle eröffnete 2007 nach umfangreichen Umbaumaßnahmen ein Einkaufscenter. Eine Gedenktafel aus den 70er Jahren erinnert an die »Befreiung« der Stadt sowie der ausländischen Kriegsgefangenen und Zwangsarbeiter der Werft durch die Rote Armee.
Zwangsarbeiter der Neptun-Werft sind im westlichen Friedhofsteil des Neuen Friedhofes in der Satower Straße in Massengräbern bestattet. Dabei handelt es sich um Polen, Franzosen, Niederländer, Italiener und Norweger, die zwischen 1941 und 1945 durch die Zwangsarbeit zu Tode kamen oder bei Bombenangriffen auf die Neptun-Werft starben.

15 Hochbunker LSB 1400 Neptun-Werft / Diskothek

Erbaut 1943/44
Neptunallee 8
18057 Rostock

Der für die Beschäftigten der Neptun-Werft errichtete Hochbunker war für 1400 Personen ausgelegt. Mehrere

Ehemaliger Luftschutzbunker der Neptun-Werft

Ein- und Ausgänge sicherten den geordneten Zugang in und aus dem Bauwerk. Der massive Bunker aus Stahlbeton besitzt vier Etagen und ist im Inneren ähnlich aufgebaut wie der Truppenmannschaftbunker T-750 (→ S. 13): Um zwei zentrale Treppenhäuser gruppieren sich die Räume für die Luftschutzsuchenden.
Nach dem Zweiten Weltkrieg befand sich im Bunker das Werksarchiv der VEB Schiffswerft Neptun. Heute können dort Proberäume von Musikgruppen angemietet werden. Außerdem finden regelmäßig Musik- und Tanzveranstaltungen statt.
Weitere Bunkeranlagen befinden sich am Thomas-Müntzer-Platz, in der Schillingstraße und ein nicht fertiggestellter Tiefbunker in der Goerdelerstraße.

Luftschutzbunker am Thomas-Müntzer-Platz

Wohnhäuser am Thomas-Müntzer-Platz; im Hintergrund die Reste des Heinkel-Werks

16 Wohnsiedlung am Thomas-Müntzer-Platz

Erbaut 1934–1937
Thomas-Müntzer-Platz
(ehem. Wilhelm-Gustloff-Platz)
18057 Rostock

Um Wohnraum für die wachsende Zahl der Mitarbeiter der Rüstungsbetriebe in Rostock zur Verfügung zu stellen, entstanden ab 1933 mehrere Siedlungen, Kolonien und Werkswohnungen. Den Mittelpunkt der neuen Stadtteile, die für damalige Verhältnisse nach modernen Gesichtspunkten entworfen wurden, bildete meist ein Gemeinschaftshaus oder ein Aufmarsch- und Festplatz.
Unter propagandistischem Aufwand erfolgte am 21. März 1934 in Anwesenheit des Gauleiters von Mecklenburg-Lübeck, Friedrich Hildebrandt, die feierliche Grundsteinlegung für eine Wohnsiedlung am heutigen Thomas-Müntzer-Platz. Im Zentrum der kasernenartigen Wohnanlage stand ein Denkmal zu Ehren des in der Schweiz ermordeten Nationalsozialisten Wilhelm Gustloff.
In der Wohnanlage befinden sich auch heute noch die Überreste eines unter Denkmalschutz stehenden dreietagigen Hochbunkers, der ehemals für rund 600 Schutzsuchende ausgelegt war.

Wilhelm Gustloff 1895–1936

Einweihung des Denkmals zu Ehren von Wilhelm Gustloff, um 1937

Wilhelm Gustloff wurde am 30. Januar 1895 in Schwerin geboren und absolvierte eine Ausbildung zum Bankkaufmann. Wegen eines Lungenleidens siedelte Gustloff 1917 nach Davos in die Schweiz über. Dort trat er 1929 der NSDAP bei. Drei Jahre später wurde Gustloff zum Landesgruppenleiter der NSDAP-Auslandsorganisation in der Schweiz ernannt.
Nach einem Attentat am 4. Februar 1936 durch David Frankfurter, dem Sohn eines Rabbiners, erlag Wilhelm Gustloff in Davos seinen Schussverletzungen. Nach seinem Tod wurde Wilhelm Gustloff zum Märtyrer des NS-Regimes stilisiert. Mehrere Straßen und das größte KdF-Kreuzfahrtschiff wurden nach ihm benannt. Der Name Wilhelm Gustloff ist vor allem durch das Schicksal dieses Schiffes in Erinnerung geblieben: Am 5. Mai 1937 vom Stapel gelaufen, war die »Wilhelm Gustloff« in den ersten Jahren eines der Flaggschiffe der KdF-Flotte. 1939 transportierte sie Soldaten der »Legion Condor« (→ S. 59) zurück nach Hamburg und wurde im September desselben Jahres als Lazarettschiff an die Kriegsmarine übergeben. Während der Evakuierung von Flüchtlingen aus den Ostgebieten wurde die »Wilhelm Gustloff« von einem sowjetischen U-Boot torpediert und versank am 30. Januar 1945. Etwa 9000 Menschen kamen dabei ums Leben.

17 Schützenkaserne / Arbeitsamt / Bundeswehr

Heeresbauamt
Erbaut 1935–1938
Kopernikusstraße 1a
18057 Rostock

Die Schützenkaserne wurde am 25. Oktober 1938 eingeweiht und beherbergte Teile des Infanterieregiments 27. Im Durchgang des alten Kaserneneingangs – von der Kopernikusstraße zum Bundesvermögensamt und zum Arbeitsamt – befindet sich eine Betontafel auf einem Klinkerpodest, die dem Schriftsteller Erich Mühsam als Namensspender gewidmet ist. Am 10. oder 11. Juli 1934 war Erich Mühsam von den Nationalsozialisten im KZ Oranienburg ermordet worden.

18 Thingstätte Rostock

Ernst Zinsser
Erbaut 1941
Platz der Jugend
(ehem. Tiergarten-Allee)
18057 Rostock

Der Thingkult war eine der obskuren Anleihen, die der Nationalsozialismus bei den Germanen machte, bei denen »Thing« Volks- oder Gerichtsversammlungen bezeichnete. Durch die propagierte Thingbewegung sollten nun die Deutschen in zumeist imposanter Kulisse eine Volksgemeinschaft erleben. Diese Bewegung bestand aber nur wenige Jahre und konnte sich weder in der Bevölkerung noch in der NSDAP durchsetzen, da sich andere Propagandainstrumente besser zur Massenbeeinflussung eigneten. Gleichwohl hinterließ der Thingkult architektonische Spuren: Im »Dritten Reich« sollten auf lange Sicht rund 400 Thingstätten entstehen, von denen jedoch nur 66 Anlagen realisiert wurden. In der Regel waren diese als monumentale Freilufttheater konzipiert, mit deren Anlegung der Reichsarbeitsdienst

Rekrutenvereidigung in der Schützenkaserne, 1938

Gautag in der Thingstätte Rostock, 1937

(RAD) beauftragt wurde. Dies gilt als eine der ersten Arbeitsbeschaffungsmaßnahmen der nationalsozialistischen Regierung.

»In diesem monumentalen Bau haben wir unserem Stil und unserer Lebensauffassung einen lebendigen plastischen und monumentalen Ausdruck gegeben. Diese Stätten sind in Wirklichkeit die Landtage unserer Zeit. Es wird ein Tag kommen, wo das deutsche Volk zu diesen steinernen Stätten wandelt, um sich auf ihnen in kultischen Spielen zu seinem unvergänglichen neuen Leben zu bekennen.«

(Joseph Goebbels bei der Einweihung einer Thingstätte in Heidelberg, 1935)

Die am 12. Mai 1934 eingeweihte Thingstätte in Rostock entstand auf einem Gelände, das bereits zuvor für Kundgebungen genutzt worden war. In der 16 000 Personen fassenden Freiluftbühne fanden bis 1945 politische Versammlungen statt.
Heute befinden sich auf dem Areal der ehemaligen Thingstätte Spielplätze und weitere Freizeiteinrichtungen.

Ernst Zinsser 1904 - 1985

Ernst Zinsser wurde am 26. Juni 1904 in Köln als Sohn eines Dermatologen geboren. Nach dem Architekturstudium legte er 1934 die Staatsprüfung zum Regierungsbaumeister ab.
Zinsser machte sich im Nationalsozialismus einen Namen durch die Entwürfe für viele Thingstätten, die er ab 1935 gemeinsam mit seinem Studienfreund Fritz Schaller plante.
Es folgten weitere Aufträge für Wohnanlagen sowie Industrie- und Gewerbebauten wie zum Beispiel für die Werkanlagen der Focke-Wulf Flugzeugfabrik in Posen-Kreising und das Metallwerk Hannover in Laatzen. Durch die Mitarbeit am Aufbau der Rüstungsindustrie war Ernst Zinsser vom militärischen Dienst befreit. Von seinem Schwager Konrad Adenauer erhielt er 1937 den Auftrag, dessen Haus in Rhöndorf zu entwerfen. Zinsser verstarb am 16. Dezember 1985 in Hannover.

19 Gedenkstele Synagoge
Augustenstraße 101
18055 Rostock

Die 1870 in Rostock gegründete Jüdische Gemeinde umfasste im Jahr 1932 rund 350 Kinder, Frauen und Männer. Die letzten Rostocker Juden wurden am 10. Juli 1942 über Ludwigslust in das Konzentrationslager Auschwitz deportiert. 40 Jahre zuvor, am 14. September 1902, war die Rostocker Synagoge eingeweiht worden, mit 350 Plätzen die größte in Mecklenburg.
Vor einem Wohnhaus erinnert eine schlichte Gedenkstele in der Augustenstraße am ehemaligen Eingang zur Synagoge an ihre Zerstörung in der Reichspogromnacht im November 1938.

20 Jüdischer Friedhof
Am Lindenpark, Saarplatz
18055 Rostock

Der seit 1870 existierende Jüdische Friedhof befindet sich in der Nähe des Saarplatzes. Auf dem über 3000 Quadratmeter großen Gelände fand die letzte Beisetzung 1942 statt.
Anlässlich des 25. Jahrestags der »Reichskristallnacht« wurde am 9. November 1963 ein Gedenkstein für die Rostocker Juden gesetzt. Der Friedhof ist während des Zweiten Weltkriegs und auch nach dem Krieg mehrfach geschändet und beschädigt worden. 1988, zum 50. Jahrestag des Pogroms, erhielt er eine würdige Gestaltung. Der Zaun wurde erneuert, die umgestürzten Steine wurden wieder aufgerichtet und restauriert.

21 Ehrenmal Rosengarten
Wallstraße
18055 Rostock

Das Ehrenmal aus Granit in der Wallstraße erinnert an die unzähligen Opfer des NS-Regimes. Zum ersten Jahrestag der Kapitulation in Norddeutschland wurde es am 5. Mai 1946 vom Rostocker Bürgermeister Walter Petschow eingeweiht. Das Ehrenmal befindet sich auf der Ostseite des Rosengartens, in unmittelbarer Nachbarschaft des Steintors.
In der Nähe des Rosengartens befand sich auch das Rostocker Hauptpostamt, das am 26. April 1942 durch alliierte Luftangriffe zerstört wurde. Von 1953 bis 1956 wurde das Postamt wieder aufgebaut; am Haupteingang erinnert eine Inschrift an die Zerstörung des früheren Gebäudes.

22 Lichtspieltheater »Capitol« / Multiplexkino
Erich zu Putlitz
Erbaut 1937/38
Breite Straße 3
18055 Rostock

Die Eröffnung des Lichtspieltheaters erfolgte am 29. August 1938 im Rahmen der fünften Kulturwoche der NSDAP in Rostock. Das damals modernste und größte Kino der Hansestadt sollte schon bald wegen des enormen propagandistischen Einflusses von Kino und Film staatlichen Kontrollen unterzogen werden. Die von Goebbels' Propagandaministerium gelenkte Filmproduktionsfirma Ufa kaufte das Lichtspieltheater auf und benannte es in »Ufa-Film-Palast« um.
Auch heute befindet sich hier ein Kino, das in den letzten Jahren umfangreich modernisiert wurde.

23 Getreidespeicher am Hafen
Erbaut 1935–1938
Am Strand
18055 Rostock

Die drei markanten Getreidespeicher aus Backstein entstanden ab 1935 in jeweils halbjähriger Bauzeit und prägen noch heute das östliche Hafengelände an der Warnow in der Nähe der Rostocker Innenstadt.

Gedenkstele für die Rostocker Synagoge

Jüdischer Friedhof in Rostock

KZ-Ehrenmal Rosengarten

Auch heute noch ein Kino: das »Capitol«

Getreidespeicher am Rostocker Hafen, 1939

Die Speicher haben ihre ehemalige Funktion eingebüßt und beherbergen heute nach langem Leerstand und nach umfangreichen Umbaumaßnahmen verschiedenste gewerbliche Mieter. Der Parkplatz in unmittelbarer Nähe der Speicher stellt einen idealen Startpunkt für eine Stadterkundung durch Rostock dar.

24 Heil- und Pflegeanstalt Gehlsheim / Zentrum für Nervenheikunde

Erbaut 1896
Gehlsheimer Straße 20
18147 Rostock

Die 1896 eröffnete Großherzogliche Heil- und Pflegeanstalt behandelte zunächst Nervenkranke aus der damals hoffnungslos überfüllten Anstalt Sachsenberg (Schwerin) und war zugleich eine Einrichtung der Medizinischen Fakultät der Universität Rostock. Während der Zeit des Nationalsozialismus wurden in der Heil- und Pflegeanstalt Gehlsheim zahlreiche Zwangssterilisationen an Patienten durchgeführt. Tötungen im Rahmen der »Euthanasie-Aktion T4« (→ S. 103) oder direkte Abtransporte in Tötungseinrichtungen für geistig und körperlich behinderte Personen sind nicht bekannt, wohl aber Transporte in Anstalten, die wiederum ihre Patienten in Tötungseinrichtungen überstellten. Seit 2009 existiert auf dem Klinikgelände ein Mahnmal für die Opfer der »Euthanasie«-Aktionen und der Zwangssterilisationen.

25 Gedenkstein Häschendorf

Bundesstraße 105
18182 Mönchhagen

In der Nähe von Häschendorf endete am 1. Mai 1945 der Todesmarsch der westlichsten Marschkolonne aus dem KZ-Außenlager Barth und kleineren Arbeitslagern. Dicht am Straßenrand gemahnt seit 1970 ein Granitstein zwischen Birken in einer Grünanlage an den qualvollen Weg der Häftlinge.

Betonschiffe

Rüstungsbedingt fehlte es mit Dauer des Kriegs in vielen Bereichen an Roh- und Werkstoffen. Im Bootsbau wusste man sich zu helfen und fertigte ab 1940 Bootsschwimmkörper aus Beton.
Entlang der Ostseeküste findet man noch einige Betonschiffe aus der NS-Zeit. Schwimmfähig liegt die »Capella«, eine Frachtschute, in Rostock vor Anker. In Lübeck wurde ein Betonschiff zu einem Veranstaltungsort umgebaut. In der Wismarer Bucht und im Stettiner Haff liegen zwei Betonboote auf Grund.

Das im Januar 2008 eingeweihte Mahnmal in der ehemaligen Heil- und Pflegeanstalt Rostock-Gehlsheim

Gedenkstein an der B 105 bei Häschendorf

26 Zwangsarbeiterlager Rövershagen

Genutzt 1943–1945
Wald bei Rövershagen
18182 Rövershagen

Zur Herstellung von Flugzeugteilen für die Heinkel-Werke wurden in der Nähe von Rostock mehrere Produktionsstätten errichtet, eine davon bei Schwarzenpfost, zwischen Rostock und Ribnitz-Damgarten gelegen. Die Bauarbeiten erledigten Häftlinge und Zwangsarbeiter. Das dazugehörige Zwangsarbeiterlager war zwischen Juli 1943 und April 1945 von etwa 1000 Personen belegt.

Bei Rövershagen-Oberhagen waren in mehreren Baracken 300 Frauen untergebracht, Häftlinge des Konzentrationslagers Ravensbrück. Das Lager wurde von der SS bewacht und war mit elektrischem Stacheldraht umgeben. Im Waldstück findet man noch heute Fundamente des im Februar 1945 aufgelösten Lagers.

In der Harzerei von Rövershagen existierte ein Lager mit Kriegsgefangenen aus Frankreich und der Sowjetunion, die in der Harzerei arbeiten mussten.

Todesmärsche

Angesichts des Vorrückens der alliierten Streitkräfte im Frühjahr 1945 wurden die KZ-Außenlager hastig evakuiert. Anfangs verlegte man die Häftlinge mit Hilfe der Bahn oder Lastwagen zurück in die Stammlager. Am 14. April 1945 befahl der »Reichsführer SS« Heinrich Himmler, dass kein KZ-Häftling lebend in die Hände der immer näher kommenden gegnerischen Truppen fallen dürfe. Er ordnete daher die Evakuierung der Arbeits- und Todeslager an den Fronten an. Da Dokumente fehlen und detaillierte Befehle nicht überliefert sind, ist nicht klar, ob die Häftlinge als Geiseln bei den Verhandlungen mit den Alliierten benutzt werden sollten oder ob man sie – nachdem man sie zur Nord- und Ostsee getrieben und auf Schiffe verfrachtet hatte – auf See töten wollte.

Im April 1945 waren schließlich mehrere tausend hungernde Menschen in dünner Häftlingskleidung bei klirrender Kälte in Kolonnen auf den Straßen unterwegs, die von den Bewachern von den Lagern weggetrieben wurden. Entkräftete oder kranke Häftlinge wurden an Ort und Stelle liegen gelassen oder in der Öffentlichkeit gezielt erschossen.

Nicht alle Etappen und Stationen der Todesmärsche lassen sich heute aufgrund der zahlreichen Haupt- und Nebenstrecken mehr rekonstruieren. In den Bundesländern Mecklenburg-Vorpommern und Schleswig-Holstein erinnern verschiedene kleine und große Gedenkorte (z. B. in Häschendorf) an bestimmte Etappen der Evakuierungsmärsche und vereinzelte mutige Hilfsleistungen der Bevölkerung (→ Gedenktafel Ribnitz-Damgarten, S. 71; Gedenkstein Putbus-Lauterbach, S. 93), etwa wenn es manche Einwohner wagten, den Häftlingen Nahrung zuzustecken.

NOVEMBERPOGROM 1938

Das Pogrom in der Nacht vom 9. auf den 10. November 1938 markiert den Übergang von der bereits seit 1933 praktizierten systematischen Verfolgung und Diskriminierung der jüdischen Bevölkerung zum offenen Terror. Das nationalsozialistische Regime organisierte und lenkte die Zerstörung von Eigentum und Einrichtungen der Juden im gesamten Deutschen Reich. Während und nach der »Reichskristallnacht« wurden etwa 100 Menschen ermordet oder in den Selbstmord getrieben. Unmittelbar nach dieser Nacht wurden bis zu 30 000 Juden verhaftet und in die Konzentrationslager Buchenwald, Dachau und Sachsenhausen deportiert; einige Hundert kamen dort um. Knapp 1300 Synagogen im Reich und viele jüdische Friedhöfe und Geschäfte in Deutschland und Österreich wurden zerstört.

Als Anlass für die gewalttätigen Ausschreitungen diente den Nationalsozialisten ein in Frankreich verübtes Attentat. Der in Paris lebende 17-jährige polnische Jude Herschel Grynszpan hatte am 3. November 1938 erfahren, dass seine ganze Familie aus dem Deutschen Reich nach Bentschen/Zbąszyń in Polen vertrieben worden war. Mit einem Revolver bewaffnet fuhr er am 7. November 1938 in die Deutsche Botschaft und schoss auf den Legationssekretär Ernst Eduard vom Rath. Nach Bekanntwerden des Attentats machte die Tagespresse gegen die Juden mobil. So hieß es im Leitartikel des »Völkischen Beobachters« vom 8. November 1938: »Es ist klar, daß das deutsche Volk aus dieser neuen Tat seine Folgerungen ziehen wird. Es ist ein unmöglicher Zustand, daß in unseren Grenzen Hunderttausende von Juden noch ganze Ladenstraßen beherrschen, Vergnügungsstätten bevölkern und als

Bilanz der Reichspogromnacht im nördlichen Mecklenburg-Vorpommern

›ausländische‹ Hausbesitzer das Geld deutscher Mieter einstecken, während ihre Rassegenossen draußen zum Krieg gegen Deutschland auffordern und deutsche Beamte niederschießen. [...] Die Schüsse in der deutschen Botschaft in Paris werden nicht nur den Beginn einer neuen deutschen Haltung in der Judenfrage bedeuten, sondern hoffentlich auch ein Signal für diejenigen Ausländer sein, die bisher nicht erkannten, daß zwischen der Verständigung der Völker letztlich nur der internationale Jude steht.«
Vom Rath erlag seinen Verletzungen am 9. November 1938. Am gleichen Abend wurde in München an Hitlers missglückten Putsch vom 8. zum 9. November 1923 feierlich gedacht, und Joseph Goebbels rief bei der Rede in Absprache mit Adolf Hitler zu reichsweiten Aktionen gegen jüdische Einrichtungen auf. Kurz darauf zogen in Zivil gekleidete Angehörige von SA und SS durch die Straßen und zündeten Synagogen an, zerschlugen die Fensterscheiben jüdischer Geschäfte oder schändeten jüdische Friedhöfe und Einrichtungen.
Die Bevölkerung reagierte verhaltener als erwartet. Es bildeten sich rasch Aufläufe von meist schweigenden Schaulustigen, manche stimmten in Hetzgesänge ein oder beteiligten sich an einigen Orten an der Zerstörung und Plünderung. Die meisten aber wahrten Distanz.
Als Reaktion des Auslands auf die Pogromnacht erreichten etwa 100 Protestnoten ausländischer Vertretungen am 10. November 1938 das Auswärtige Amt in Berlin. Kommentarlos wurden diese Proteste in die Reichskanzlei weitergeleitet und verschwanden dort in den Akten. Die USA zog als Reaktion ihren Botschafter am 14. November 1938 aus Berlin ab, und in Großbritannien bewirkte das Novemberpogrom einen politischen Meinungsumschwung in der Bevölkerung: Die Bereitschaft zum Krieg gegen Hitler wuchs. Viele ausländische Unternehmen kündigten ihre Handelsverträge mit Deutschland.
Auch Teile der Parteibasis standen den Aktionen der Reichspogromnacht kritisch gegenüber. Selbst einige Regierungsmitglieder waren von den reichsweiten Aktionen gegen das jüdische Leben überrascht und wiesen dem Reichsminister für Volksaufklärung und Propaganda, Joseph Goebbels, die Alleinverantwortung für die unabsehbaren außen- und wirtschaftspolitischen Folgen zu.

VORPOMMERN

Halbinsel Fischland-Darß-Zingst, Stralsund, Insel Rügen, Bodden- und Haffküste, Insel Usedom

HALBINSEL FISCHLAND-DARSS-ZINGST

Im Bereich der Halbinsel Fischland-Darß-Zingst fand die Luftwaffe ideale Standorte für ihre militärischen Zwecke, und in den dünn besiedelten Landstrichen wurden Zwangs- und Kriegsgefangenenlager errichtet.

1 Walther-Bachmann-Flugzeugwerke Ribnitz / Gewerbegebiet

Erbaut 1934-1936
Körkwitzer Weg
18311 Ribnitz-Damgarten

Die Stadt Ribnitz verzeichnete ab 1934 einen Aufschwung, der mit dem Bau kriegswichtiger Produktionsanlagen wie den Walter-Bachmann-Flugzeugwerken und der Einrichtung des Fliegerhorsts Pütnitz bei Damgarten einsetzte.
In den ersten Jahren führten die Bachmann-Werke Reparaturen und Lizenzbauten von Seeflugzeugen aus. Für Flugbewegungen stand eine Ablauframpe in den Ribnitzer See zur Verfügung. Später reparierte man Flugzeuge der Firma Heinkel in einem Hangar auf dem Fliegerhorst Pütnitz. Bis zur Nutzung der Halle mussten die instandgesetzten Flugzeuge mit Flößen über den Ribnitzer See zum Fliegerhorst transportiert werden.
Die Flugzeugwerke wurden nach dem Krieg demontiert, einige Gebäude sind heute noch vorhanden und werden von verschiedenen Gewerbebetrieben nachgenutzt.

2 Gedenktafel Ribnitz-Damgarten

Am Markt
18311 Ribnitz-Damgarten

Nach der Auflösung des KZ-Außenlagers bei Barth wurden die Insassen auf einen Todesmarsch getrieben.
Am 1. Mai 1945 erreichte ein großer Trupp weiblicher Häftlinge unter Bewachung der SS Ribnitz. Der Kommandant der Stadt, ein Hauptsturmführer der SS, gab den Befehl, die Frauen auf dem Marktplatz noch vor dem Eintreffen der Roten Armee zu erschießen. Ein Erschießungskommando wurde aus Hitlerjungen zusammengestellt. Dank den Protesten von Ribnitzer Frauen und von Wehrmachtssoldaten konnte das Vorhaben vereitelt werden. Die Frauen überlebten. Die Rote Armee nahm am Nachmittag desselben Tages die Stadt ein.
Eine Gedenktafel am Eingang des Rathauses von Ribnitz-Damgarten erinnert an das mutige Eintreten der Ribnitzer Frauen, wobei die Zahl der Opfer umstritten ist.

Haupteinfahrt der ehemaligen Walter-Bachmann-Flugzeugwerke ▼

◄ V2-Start in Peenemünde, ca. 1943

Gedenktafel am Rathaus Ribnitz-Damgarten

Auf dem kleinen Friedhof in Wiepkenhagen in der Nähe von Ribnitz wurden in einem Gemeinschaftsgrab fünf unbekannte Häftlinge bestattet, die beim Todesmarsch aus Barth ums Leben gekommen sind. Zu ihrem Gedenken setzte man 1963 auf ihr Grab einen Granitstein mit der Inschrift »Ruhm und Ehre den Opfern des Faschismus«.

3 Fliegerhorst Pütnitz / Technik-Museum Pütnitz

Erbaut 1935/36

Flugplatz-Allee
18311 Ribnitz-Damgarten
Öffnungszeiten: April – Juni: Mi – So 10 – 16 Uhr, Juli – September: täglich 10 – 18 Uhr, Oktober – März: geschlossen

Bei dem Fliegerhorst Pütnitz handelte es sich um einen kombinierten Land- und Seefliegerhorst mit neun großen Flugzeughallen. Auch dieser Fliegerhorst diente der Ausbildung von Piloten und Flugzeugbesatzungen, die zum Beispiel im Blindflug oder in der Navigation geschult wurden.
In einer der Hallen produzierte man ab 1942 Teile für die Heinkel-Werke und die Bachmann-Werke aus Ribnitz, wobei Kriegsgefangene und später auch Zwangsarbeiter zum Einsatz kamen. In den letzten Kriegsmonaten nutzten verschiedene Einheiten den Fliegerhorst, bis die Rote Armee am 1. Mai 1945 den Platz einnahm, inklusive den vielen Flugzeugen aus den evakuierten Flugplätzen im Osten, die überall auf dem Platz standen. Die sowjetischen Streitkräfte nutzten den Fliegerhorst bis zu ihrem Abzug im Jahr 1994.
Heute ist in einigen Hallen ein Technikmuseum untergebracht. Über die Zukunft des Flugplatzes ist noch nicht entschieden.

4 Gedenkstein – Ostseebad Dierhagen

Ortsmitte
18347 Dierhagen

In einer Grünanlage im Ortskern des Ostseebads Dierhagen liegt seit 1946 ein etwa zwei Meter hoher Findling, der heute vom Gestrüpp völlig überwuchert ist. Dieser Stein trägt auf der Vorderseite einen roten Häftlingswinkel und die Inschrift »Opfer des Faschismus«. Er erinnert an die inhaftierten und zur Zwangsarbeit getriebenen Menschen in der Region, so etwa an die Zwangsarbeiter aus dem KZ-Außenlager Barth, mit deren Hilfe unweit von Dierhagen bei Born während des Zweiten Weltkriegs eine SS-Meilerei betrieben worden war.

Flugzeughalle des ehemaligen Fliegerhorsts Pütnitz

Früheres Sonderwaffenlager der sowjetischen Streitkräfte auf dem ehemaligen Fliegerhorst

5 Zingsthof / Erholungs- und Begegnungsstätte
Landstraße 1
18374 Ostseebad Zingst

In der Landstraße Nr. 1 befindet sich der Zingsthof, ein im Jahr 1929 als Heim für westfälische Schülerbibelkreise ausgebauter Bauernhof. Der Theologe Dietrich Bonhoeffer, ein Widerstandskämpfer gegen das NS-Regime, leitete auf dem Zingsthof 1935 ein Predigerseminar. Von den Nationalsozialisten wurde das Seminar zwei Jahre später verboten, illegal aber an geheimen Orten weitergeführt. Im August 1940 erhielt Bonhoeffer »wegen seiner volkszersetzenden Tätigkeit« Redeverbot im gesamten Reichsgebiet. Ein halbes Jahr später folgte auch das Verbot jeglicher schriftstellerischen Tätigkeit. Nach Kriegsausbruch beteiligte sich Bonhoeffer aktiv am Widerstand, geriet mehrfach ins Visier der Justiz, kam aber wieder frei. Am 8. Oktober 1944 wurde er erneut verhaftet und am 9. April 1945 im KZ Flossenbürg hingerichtet.
Heute wird der Zingsthof von der Pommerschen Evangelischen Kirche als Erholungs- und Begegnungsstätte genutzt.

Hermann Göring (in Weiß) mit dem italienischen Luftwaffenminister Italo Balbo bei einer Vorführung auf dem Flakschießplatz Zingst, 1938

6 Flakschießplatz Zingst / Naturschutzgebiet »Sundische Wiesen«
Sundische Wiesen
18374 Ostseebad Zingst

Am 30. Juni 1937 wurden alle Bewohner der östlich des Ostseebads Zingst gelegenen Sundischen Wiesen zwangsumgesiedelt, weil die Luftwaffe das Gebiet als Bombenabwurf- und Schießgelände nutzen wollte. In Zingst entstanden eine Kaserne einer Flakeinheit und auf den Wiesen ein Flakschießstand sowie ein Feldflugplatz. Zudem befand sich auf dem Schießplatz von 1940 bis 1945 ein Kriegsgefangenen- und ein Zwangsarbeiterlager, deren Insassen für die Heinkel-Flugzeugwerke in Barth Zwangsarbeit verrichten mussten.
Nach dem Krieg nutzte die Nationale Volksarmee der DDR das Areal als Übungs- und Schießgelände des Flakraketenausbildungszentrums 40.
Vor Ort erinnert kein Gedenkstein an das Lager, das ehemalige Schießplatzgelände ist heute ein Naturschutzgebiet, und die Kaserne wurde größtenteils geschleift.
Ein Ehrenmal in der Hafenstraße/Ecke Jordanstraße gemahnt ohne weiteren Bezug auf den Ort und das Lager an die »Opfer des Faschismus«.

7 KZ-Außenlager Barth und Fliegerhorst / Mahn- und Gedenkstätte Barth
Fliegerhorst: erbaut 1935–1938
KZ-Außenlager Barth:
genutzt 1943–1945
Chausseestraße
18356 Barth
Mo–Do 10–16 Uhr

Der Fliegerhorst Barth wurde am 1. Juni 1936 feierlich in Dienst gestellt, aber in den folgenden Jahren noch baulich erweitert. Von 1938 bis zum Beginn des Kriegs im September 1939 war auf dem Fliegerhorst eine Sturzkampfbomber-Gruppe stationiert. Ab 1940 diente er der Ausbildung von Luftwaffeneinheiten. Fertigproduzierte Flugzeuge aus dem Heinkel-Werk in Rostock wurden hier bis zur Auslieferung abgestellt. Durch die zunehmenden Bombardements der Rüstungsstandorte in Rostock begann man ab 1942 auch in den Hangars von Barth unter Einsatz von Zwangsarbeitern mit der Endmontage von Flugzeugen.
Ein eigens gesichertes Areal in der angrenzenden Kaserne wurde zur Unterbringung der Zwangsarbeiter genutzt; dieses Lager trug die Tarnbezeichnung »Müllerwerke«. Zwischen 6000 und 7000 Personen kamen ab 1943 aus

Lagerzaun des KZ-Außenlagers Barth und Kasernenbauten des Fliegerhorsts Barth

Gedenkturm und Gedenkmauer des Mahnmals des KZ-Außenlagers Barth

Mahnmal für das KZ-Außenlager Barth direkt an der Chausseestraße

Gedenkort für das ehemalige »Stalag Luft 1«

Erhalten gebliebenes Gebäude der ehemaligen Flak-Artillerieschule 10, in dem sich heute das Katharina-von-Hagenow-Gymnasium befindet.

verschiedenen Konzentrationslagern, zum Beispiel Ravensbrück, Dachau, Buchenwald, Neuengamme und Sachsenhausen, zum Einsatz.
Direkt an der Chausseestraße weist eine Mauer mit der Inschrift »Mahnmal Barth« und einem roten Häftlingswinkel auf die Mahn- und Gedenkstätte hin. In einer Grünanlage steht an einem betonierten Appellplatz ein 20 Meter hoher Turm sowie eine gemauerte Wand, die an eine Barackenwand erinnern soll. An ihr sind vier Tafeln aus Bronze angebracht, die den Themen Folter, Solidarität, Widerstand und »Befreiung« gewidmet sind. Zwischen dem Turm und der Wand befindet sich eine Grabanlage.
Eine Ausstellung der Dokumentations- und Begegnungsstätte Barth am Bleicherwall 1b informiert über die Geschichte des Orts während der NS-Zeit, und ein Lehrpfad mit mehreren Infostelen auf dem ehemaligen Lagergelände erinnert heute an das KZ-Außenlager.

8 Friedhof Barth

Sundische Str. 55
18356 Barth

An der Stelle des Friedhofes in Barth, wo sich einst der »Judenfriedhof« befand, wurden 1945 zahlreiche Einzel- und Massengräber für KZ-Häftlinge, Kriegsgefangene und Zwangsarbeiter angelegt.
Weitere Opfer des KZ-Außenlagers in Barth wurden im Krematorium des Rostocker Neuen Friedhofs in der Satower Straße eingeäschert.

9 Kriegsgefangenenlager »Stalag Luft 1«

Genutzt 1940 - 1945
Gewerbegebiet am Betonwerk
18356 Barth

Das Kriegsgefangenlager nördlich von Barth wurde am 1. Juli 1940 für gefangengenommene, abgeschossene Soldaten der alliierten Luftstreitkräfte eingerichtet. Der Standort des Lagers in unmittelbarer Nähe zu militärischen Einrichtungen des Fliegerhorsts und der Flak-Artillerieschule verstieß gegen die Genfer Konventionen von 1929, deren Artikel 9 besagt: »Kein Kriegsgefangener darf jemals in ein Gelände zurückgebracht werden, in dem er dem Feuer des Kampfgebietes ausgesetzt sein würde, oder dazu verwendet werden, durch seine Anwesenheit bestimmte Punkte oder Gegenden vor Beschießung zu schützen«.
Anfang Mai 1945 waren im »Stammlager (Stalag) Luft 1« etwa 9000 Kriegsgefangene der alliierten Luftstreitkräfte untergebracht. Zwischen dem 12. und 14. Mai 1945 landeten amerikanische Flugzeuge in Barth, um die alliierten Offiziere und Soldaten aus dem »Stalag Luft 1« im Rahmen der »Operation Revival« nach Frankreich und England auszufliegen.
Das Lager geriet in der DDR in Vergessenheit. Heute befinden sich an dieser Stelle ein Gedenkstein und eine Informationsstele.

10 Flak-Artillerieschule 10 / Gymnasium »Katharina von Hagenau«

Uhlenflucht 5
18356 Barth

Die Flak-Artillerieschule 10 lag in unmittelbarer Nähe des »Stalag Luft 1«. Wehrmachtsangehörige aus dem gesamten Reichsgebiet wurden an den Flakgeschützen ausgebildet und im Blitzkrieg geschult.
Im nördlichen Bereich des ehemaligen Stammlagers befindet sich noch immer eine betonierte Übungsfläche der Flak-Artillerieschule, deren Gebäude während des Zweiten Weltkriegs fast komplett zerstört wurden.
Heute befindet sich auf dem Areal ein Gymnasium, in dessen Gebäude ein erhalten gebliebener Seitenflügel der ehemaligen Flak-Artillerieschule 10 integriert worden ist.

REGION STRALSUND

Stralsund war bereits vor der »Machtergreifung« der Nationalsozialisten eine bedeutende Hafen- und Garnisonsstadt. Ab 1934 wurde die Stadt zum größten Ausbildungsstandort der Marine im »Dritten Reich«, wo noch bis Ende April 1945 Lehrgänge stattfanden. Durch zahlreiche Luftangriffe wurden ein Drittel aller Wohnungen und Teile der Altstadt zerstört. Die Rote Armee marschierte am 1. Mai 1945 in Stralsund ein.

11 Fliegerhorst Parow / Marinetechnikschule (MTS)

Luftwaffenbauverwaltung
Erbaut 1934 - 1936
Pappelallee
18445 Kramerhof

Im Zuge des Ausbaus des Marinestandorts Stralsund wurde ein eigener Fliegerhorst mit einer Vielzahl von Gebäuden errichtet, auf dem auch U-Boot- und Seeaufklärer geschult wurden. Auf dem Platz entstanden Flugzeughallen, Versorgungseinrichtungen, Schießstände, Ablauframpen für Wasserflugzeuge sowie am Südrand eine eigene Kaserne mit entsprechenden Bauten. Ein Bombenabwurfgelände und ein Beschussgebiet wurden im Strelasund angelegt.
In zwei Flugzeughallen fertigte man unter Hinzuziehung von Zwangsarbeitern Jagdflugzeuge. Vom Fliegerhorst Parow operierte auch die Seenotgruppe, die den Flüchtlingsbooten aus den Ostgebieten Begleitschutz gab und selbst Flüchtlinge transportierte. Nach dem Krieg wurden die Einrichtungen des Flugplatzes von der Roten Armee gesprengt und demontiert. In die Kaserne zogen zuerst Flüchtlinge, später die Volksmarine der DDR ein. Heute wird das Areal noch immer von der Deutschen Marine genutzt.

12 Marinestützpunkt Dänholm / Marinemuseum

Marine-Standortbauamt
Erbaut 1850, erweitert 1934 - 1939
Zur Sternschanze 7
18439 Stralsund
Mai - Oktober: 10 - 17 Uhr

Auf der Insel Dänholm, die über den alten Rügendamm zu erreichen ist, befindet sich die Wiege der Preußi-

Luftbild der Marinetechnikschule Parow

Marinemuseum Dänholm

schen Marine, die hier 1850 einen ersten Hafen samt Marinedepot anlegte. Ab 1934 wurden die bereits bestehenden militärischen Einrichtungen durch Kasernenbauten, ein Wirtschaftsgebäude sowie Sportstätten erweitert und zur Grundausbildung der Offiziersanwärter der Kriegsmarine genutzt. Am 30. April 1945 kam es östlich von Dänholm zur Selbstversenkung des Segelschulschiffs »Gorch Fock«. Von der Nationalen Volksarmee zunächst nachgenutzt, befindet sich heute in der ehemaligen Sternschanze mit den historischen Festungsanlagen und Kasematten das Marinemuseum Dänholm.

13 Rügendamm

Reichsarbeitsministerium
Erbaut 1933–1937
B 96 / Rügendamm
18439 Stralsund

Als Arbeitsbeschaffungsmaßnahme erfolgte aus Reichsmitteln der Bau eines kombinierten Eisenbahn- und Straßendamms, um die Insel Rügen an das Festland anzubinden. Tausende Arbeiter wurden zum Schippen für den 2,5 Kilometer langen Damm eingeteilt. Auf jeder Seite des Rügendamms wurde ein Bahnhofsgebäude errichtet, die beide noch erhalten sind. Durch das geplante KdF-Seebad in Prora auf

Bauarbeiten zum Rügendamm, ca. 1934

»Gorch Fock«

Die nach dem norddeutschen Marinedichter benannte »Gorch Fock« wurde von der Hamburger Werft Blohm & Voss gebaut und lief am 3. Mai 1933 vom Stapel. Auftraggeber war die Reichsmarine, die für das gekenterte Segelschulschiff »Niobe« Ersatz benötigte. Für den Bau wurden auch Spenden aus der Bevölkerung verwendet. Die Stammbesatzung bestand aus neun Offizieren und 56 Unteroffizieren. Das Schulschiff bot Platz für 198 Seekadetten.
Diverse Ausbildungsfahrten führten die »Gorch Fock« auch ins Ausland. Während des Kriegs diente sie dann nur noch als Wohnschiff: So lag sie 1942 in Swinemünde und im April 1944 in Kiel vor Anker. Ende April 1944 wurde die »Gorch Fock« zur Insel Rügen geschleppt, wo sie zunächst vor Lauterbach festmachte und der Ausbildungsbetrieb wieder aufgenommen wurde. Im Oktober 1944 wurde sie in ihren Heimathafen Stralsund gebracht und angesichts der nahenden Roten Armee am 30. April 1945 versenkt. Die »Gorch Fock« wurde nach dem Ende des Kriegs als Kriegsbeute der Sowjetunion zugesprochen, geborgen und in Rostock wieder aufgebaut. Die sowjetische Marine stellte am 15. Juni 1951 das Schiff unter dem Namen »Towarischtsch« in Dienst, erneut als Segelschulschiff. 1991 ging es nach der Auflösung der Sowjetunion in das Eigentum der Ukraine über und wurde schon 1993 wegen Geldmangels deaktiviert. Zehn Jahre später wurde das Schiff vom Verein »Tall-Ship Friends« gekauft, notdürftig in Wilhelmshaven repariert, nach Stralsund geschleppt und wieder auf seinen alten Namen getauft.

Stapellauf der »Gorch Fock« am 3. Mai 1933

Volkswerft Stralsund, neuer und alter Rügendamm sowie die Insel Dänholm

Rügen erwartete man jährlich Tausende Touristen, die bequem die Insel erreichen sollten. Doch auch militärisch spielte der Rügendamm eine Rolle. Durch ihn konnte die Insel Dänholm als militärischer Stützpunkt weiter ausgebaut werden und war nun ebenfalls direkt mit dem Festland verbunden.
Teile des Damms wurden zum Kriegsende gesprengt, um das Vorrücken der Roten Armee zu erschweren. Von 1946 bis 1949 wurde die Brücke samt Rügendamm auf Befehl der Sowjetadministration wieder aufgebaut und 2007 – um dem gestiegenen Verkehrsaufkommen gerecht zu werden – eine neue mächtige Brücke eingeweiht. Der alte Rügendamm blieb parallel dazu bestehen.

14 Kröger-Werft / VEB Volkswerft Stralsund / Volkswerft GmbH

Werksbaubüro
Erbaut 1941–1943
Werftgelände am Strelasund-Ufer

Die Stralsunder Werft ging nach der Weltwirtschaftskrise 1929 bankrott. Im Zuge der Wiederaufrüstung durch die Nationalsozialisten erfolgte auch eine Wiederbelebung der Schiffsproduktion in Stralsund. 1941 gründeten die Gebrüder Kröger aus Warnemünde die Kröger-Werft, die in der Nähe des alten Werftbetriebes am Rügendamm als kriegswichtiger Rüstungsbetrieb entstand. In den ersten Jahren führte man Reparaturen an verschiedenen Wasserfahrzeugen durch. Zwangsarbeiter waren auch hier beschäftigt, um den Rüstungsbedarf der Kriegsmarine abzudecken. Im Sommer 1944 waren die Produktionsanlagen nach mehrmaligen Luftangriffen nicht mehr funktionstüchtig.
In der DDR wurde das Areal vom VEB Volkswerft Stralsund genutzt und ausgebaut. Heute führt die Volkswerft GmbH den traditionsreichen Schiffbau fort.

15 HJ- und BDM-Heim »Hermann Göring« / Kindergarten »Brunnenaue«

Erbaut 1936
Sarnowstr. 44
18435 Stralsund

Am Rande einer historischen Gartenanlage entstand 1936 das Heim der »Pimpfe«. Ehemals lag das Gebäude direkt an einem Teich, der heute zugeschüttet und begrünt ist. Im einfachen winkelförmigen Gebäude aus Backstein befanden sich im Erdgeschoss Gruppenräume für die Knaben und Mädchen sowie ein »Führerzim-

mer« und im Dachboden ein Bastel- und Werkraum sowie weitere Gruppenräume.
Heute beherbergt das Gebäude eine Kindertagesstätte.

16 Frankenkaserne / Gymnasium / Hotel Steigenberger »Baltic Star« / Altersheim

Marine-Standortbauamt
Erbaut 1877, ausgebaut 1936–1939
Frankendamm 7
18439 Stralsund

Die alte Frankenkaserne aus dem Jahr 1877 wurde in den 30er Jahren erweitert. Der noch heute existierende Sportplatz wurde beim Ausbau der Kaserne für die Soldaten des Standorts angelegt und galt damals als modernster Sportplatz Stralsunds. Nach dem Krieg wurden einige Gebäude abgerissen, andere werden bis heute nachgenutzt. In einem der verbliebenen Gebäude ist ein Hotel eingezogen, und im ehemaligen Wirtschaftsgebäude ist ein Altersheim untergebracht.

17 Prinz-Moritz-Kaserne / Arbeitsamt und Wohnhäuser

Heeresbauamt
Erbaut 1935/36
Platz des Friedens
18437 Stralsund

In der Tribseer Vorstadt entstand eine standardisierte Infanteriekaserne. Vier Mannschaftsunterkünfte, ein Wach-, ein Stabs- und zwei Wirtschaftsgebäude, mehrere Lager- und Fahrzeughallen, ein Exerzierplatz sowie eine Turnhalle und ein Reit- und Schießplatz wurden neu gebaut. Bevor es in den Krieg zog, nahm das Infanteriebataillon am Einmarsch in das Sudetenland teil. Ab 1943 nutzte die Kriegsmarine die Kaserne.
Heute befinden sich in dem zentralen Block am Carl-Heydemann-Ring das Arbeitsamt und das Berufsinformationszentrum. Die ehemaligen Unterkünfte werden als Wohnhäuser genutzt.

18 Standortlazarett Stralsund / Hanse-Klinikum Stralsund

Marine-Standortbauamt
Erbaut 1936–1938
Große Parower Straße 47
18435 Stralsund

Der Neubau des Standortlazaretts der Marine erfolgte in einer parkähnlichen Anlage in der Nähe des Strelasunds und wurde am 14. Oktober 1938 eröffnet. Das große geschwungene Gebäude war für 320 Betten ausgelegt, in denen man während des Kriegs unter anderem Verwundete von Luftwaffeneinheiten aus den Ostgebieten versorgte.

Fassadenschmuck am Standortlazarett

Im Juni 1945 wurde das Krankenhaus von der Roten Armee an die Stadt übergeben; es wird bis heute als Krankenhaus genutzt.

19 Zentralfriedhof

Heinrich-Heine-Ring 77
18435 Stralsund

Nach einem verheerenden Bombenangriff in der Nacht vom 5. auf den 6. Oktober 1944 wurde der Zentralfriedhof angelegt. Mehrere hundert Opfer dieser Nacht sind hier bestattet. Ein 1971 eingeweihter Ehrenhain erinnert an die hauptsächlich sowjetischen Opfer, die zur Zwangsarbeit in Stralsund eingesetzt waren und durch Bombenangriffe oder Unterernährung ums Leben gekommen sind.

Kindergarten »Brunnenaue« im ehemaligen HJ- und BDM-Heim

Goethe-Gymnasium im ehemaligen Unterkunftsgebäude der Frankenkaserne

Ehemaliges Hauptgebäude (links) und Wache der Prinz-Moritz-Kaserne

Amtsgericht Stralsund, in dem früher ein Gefängnis untergebracht war

20 Amtsgerichtsgefängnis / Amtsgericht

Bielkenhagen 9
18439 Stralsund

Während des Nationalsozialismus herrschte auch im Amtsgerichtsgefängnis in Stralsund Terror und Gewalt. Hier wurden mehrere Personen umgebracht. Noch am 22. April 1945 erhängte man Hermann Voss wegen »Abhörens von Feindsendern«. Eine Gedenktafel erinnert an die nationalsozialistische Terrorjustiz.
Auch heute befindet sich hier das Stralsunder Amtsgericht.

21 Gedenkstele für Synagoge

Erbaut 1787
Langenstraße 69
18439 Stralsund

Die seit 1787 existierende Stralsunder Synagoge wurde am 9. November 1938 von NS-Schergen angezündet und zerstört. 1939 lebten in Stralsund noch 69 Juden, die 1940 und 1943 in Konzentrationslager deportiert wurden. Nur zwei Juden kehrten nach 1945 nach Stralsund zurück.
Eine Gedenkstele erinnert seit 1988 an die zerstörte Synagoge und die ermordeten Juden Stralsunds. Nachdem die Stele 1991 geschändet worden war, wurde sie gereinigt und vom Apollonienmarkt in den ersten Innenhof des Johannisklosters umgesetzt. Eine völlige Reinigung ließ der Sandstein nicht zu.

22 Heil- und Pflegeanstalt Stralsund / Hanse-Klinikum Stralsund

Rostocker Chaussee 70
18437 Stralsund

Wie im gesamten Deutschen Reich, so setzte man auch in Stralsund die »rassenhygienischen« Maßnahmen der Nazis um. Zwischen 1933 und 1939 wurden etwa 650 Männer und Frauen zwangssterilisiert, darunter 452 aus der psychiatrischen Klinik. Ab 1939 wurden dann Patienten der Heilanstalt Stralsund im Rahmen der »Euthanasie-Aktion T 4« (→ S. 103) abtransportiert, zumeist nach Bernburg/Saale, wo man die geistig oder körperlich behinderten Menschen durch Gas ermordete. Nach Abschluss der »Aktion T 4« begann die »wilde Euthanasie«, bei der die Patienten durch Nahrungsentzug und Medikamentengabe getötet wurden.
Ein Denkmal für die »Euthanasie«-Opfer befindet sich auf dem Parkgelände der heutigen Klinik für Kinder- und Jugendpsychiatrie.

Gedenkstele für die Stralsunder Synagoge im Innenhof des Johannisklosters

Hauptzufahrt zum Hanse-Klinikum, der ehemaligen Heil- und Pflegeanstalt Stralsund

INSEL RÜGEN

Ausgeprägte Landwirtschaft und die isolierte Lage charakterisierten die dünn besiedelte Insel Rügen zu Beginn des vergangenen Jahrhunderts. Der Badebetrieb und der Abbau von Kreide verschafften den Bewohnern einen bescheidenen Wohlstand. Eine militärische Rolle spielten auf der Insel Rügen die Halbinsel Bug und der Hafen Sassnitz, der als Nachschubbasis für die besetzten Gebiete und Fronten im Nordosten diente.

23 Halbinsel Bug

Ausgebaut 1933 – 1936
18556 Dranske

Die Halbinsel Bug erstreckt sich vom Ort Dranske aus über acht Kilometer und 500 Hektar in südwestliche Richtung. Ab 1916 wurde auf dem Bug eine Seeflugstation der kaiserlichen Marine aufgebaut. Nach den Bestimmungen des Versailler Vertrages mussten die Gebäude und Einrichtungen der Seeflugstation im Jahr 1920 demontiert werden, und Ruhe zog wieder auf der Halbinsel ein.
Ab 1933 erfolgten aber auch auf dem Bug Wiederaufbaumaßnahmen zur Mobilmachung und Kriegsvorbereitung: Es entstanden mehrere Flugzeughallen und weitere Einrichtungen für einen Seefliegerhorst und einen Landflugplatz. Von hier aus gingen während des Zweiten Weltkriegs Flugzeuge auf U-Boot-Jagd. An der Ostseeseite der Halbinsel wurde ein Seekran mit einer Länge von 200 Metern und einer Tragkraft von 20 Tonnen installiert, mit dem man Seeflugzeuge auch bei starkem Seegang oder bei zugefrorenem Bodden auf der Wasserfläche absetzen konnte.
In den letzten Kriegsmonaten sicherten Flugzeuge, die auf dem Bug starteten, den Rückzug von Schiffen aus den Ostgebieten ab und beteiligten sich an der Evakuierung der eingeschlossenen Deutschen. Noch am 5. Mai 1945, als die Rote Armee schon

Appell zu Ehren des »Führergeburtstags« auf der Halbinsel Bug, 1937

Seekran an der Ostseite der Halbinsel Bug

weite Teile Vorpommerns besetzte, konnten sich die letzten Soldaten über die Halbinsel Bug auf dem Luftweg nach Dänemark absetzen.
Nach dem Krieg wurden die Einrichtungen gesprengt und demontiert. 1965 richtete die Nationale Volksarmee (NVA) auf dem Bug einen Stützpunkt für die Volksmarine ein, der nach der Wiedervereinigung 1991 im Rahmen der nationalen Abrüstungsmaßnahmen aufgelöst wurde.
Die militärischen Hinterlassenschaften sind zwischenzeitlich zurückgebaut. Die Planungen, auf der Halbinsel eine Ferienanlage und eine Marina zu bauen, sind bislang nicht verwirklicht worden. Teile des südlichen Bugs wurden in den Nationalpark Vorpommersche Boddenlandschaft eingegliedert.

24 **Bunker Kap Arkona**

Erbaut 1942
Dorfstraße
18556 Putgarten-Arkona

Bei den Leuchttürmen auf dem Kap Arkona steht ein Bunker, der 1942 für die nahegelegene Funkmess- und Flakstellung gebaut wurde. Solche Funkmessstellungen gab es im gesamten Deutschen Reich, um den Luftraum zu überwachen und mit den Flakstellungen einen Sperrgürtel gegen feindliche Flugzeuge bilden zu können.
In unmittelbarer Nähe des Bunkers aus Wehrmachtszeiten, in dem heute unregelmäßig Kunstausstellungen präsentiert werden, befindet sich eine weitaus größere Bunkeranlage der 6. Flottille der Volksmarine der NVA, die in der Saison täglich ab Mittag besichtigt werden kann.

Wehrmachtsbunker am Kap Arkona

Zugang zum NVA-Bunker am Kap Arkona

Schulungsburg der DAF in Sassnitz, 1940

25 Hotel »Fahnenberg« / DAF-Schulungsburg »Schloss Sassnitz« / Krankenhaus

Julius Schulte-Frohlinde
Umgebaut: 1934/35
Steinbachweg
18546 Sassnitz

Zu Erholungs- und Schulungszwecken wurde für die Funktionäre der Deutschen Arbeitsfront ein altes Sommerhotel, das Hotel »Fahnenberg« in Sassnitz, umfassend umgebaut und erweitert. Der Ausbau war eine der ersten Baumaßnahmen der neueingerichteten Bauabteilung der DAF. Das ehemalige Hotel blieb nur im Mittelteil erhalten. Das neue Gebäude umfasste einen Speisesaal für 100 Personen, eine Turn- und Festhalle, eine Bibliothek, ein Kaminzimmer, Wasch- und Wirtschaftsräume sowie mehrere Tagungsräume. Im Obergeschoss wurde auf Schlafsäle und Mehrbettzimmer verzichtet, die Schulungseinrichtung erhielt nur persönliche Einzel- und Doppelzimmer.

Nachdem es bereits in den letzten Kriegsmonaten als Lazarett gedient hatte, wurde das Hotel mit Kriegsende in ein Krankenhaus umgewandelt. 1995 bezog das Krankenhaus neue Räumlichkeiten in Bergen. Nach längerem Leerstand wurde das ehemalige Sommerhotel abgerissen.

26 KdF-Seebad Rügen

Clemens Klotz
Erbaut 1936 - 1939
Objektstraße
18609 Prora
Dokumentationszentrum Prora (Block III): März - Oktober: 10 - 18; November - Februar: 10 - 16 Uhr
Prora Zentrum (Block V): Mai - Okt.: 10 - 18 Uhr; Nov. - April: 10 - 16 Uhr

In der Nähe des Ostseebads Binz plante die NS-Organisation Kraft durch Freude (KdF) ein eigenes gigantisches »Seebad Rügen« in Prora. Die Grundsteinlegung erfolgte am 2. Mai 1936 in Anwesenheit des Leiters der Deutschen Arbeitsfront, Robert Ley. Erste Unterkünfte sollten ab 1940 für Urlauber bereitstehen. Das Seebad erstreckte sich über mehrere Kilometer parallel zur Ostseeküste und bestand aus Wohnunterkünften mit 20 000 Betten in einfacher Ausstattung, Gemeinschaftshäusern, zwei Wellenbädern, einem Kino und mehreren Gastronomiebetrieben. Eine seeseitige Kaianlage sowie ein zentraler Aufmarschplatz gehörten ebenfalls zur geplanten Ferienanlage.

Mit Kriegsbeginn wurden sämtliche Bauarbeiten am KdF-Seebad in Prora eingestellt, ein Urlaubsbetrieb konnte nicht mehr aufgenommen werden. Mit Hilfe von Zwangsarbeitern wurde das

Deutsche Arbeitsfront (DAF)

Symbol der Deutschen Arbeitsfront

Im Zuge der Gleichschaltung wurden 1933 die freien Gewerkschaften zerschlagen und durch die am 10. Mai 1933 gegründete Deutsche Arbeitsfront (DAF) ersetzt, die auch das Gewerkschaftsvermögen übernahm. Sämtliche Angestellten- und Arbeiterverbände wurden angebunden, und die DAF fasste Arbeiter, Angestellte und Unternehmer als gleichberechtigte Mitglieder in einer Organisation zusammen.
Ihre Legitimation erhielt die Organisation allerdings erst mit dem »Gesetz zur Ordnung der Nationalen Arbeit« vom 10. Januar 1934. Bis Kriegsende 1945 besaß die DAF rund 22 Millionen Mitglieder und war somit die größte nationalsozialistische Massenorganisation.
Die DAF war streng hierarchisch gegliedert und der NSDAP angeschlossen. Mit der Leitung wurde Robert Ley beauftragt, der selbst unmittelbar Adolf Hitler unterstand. Insgesamt waren 18 Unterorganisationen der DAF für das Wohl und die Kontrolle der Mitglieder zuständig. Die Hauptaufgabe der DAF bestand in der Schulung bzw. nationalsozialistischen Indoktrination sowie in der Überwachung ihrer Mitglieder. Die bekannteste Unterorganisation der DAF war die Ferienorganisation Kraft durch Freude (KdF), deren Aufgabe es war, die Freizeitgestaltung der deutschen Bevölkerung durch ein großes Angebot von Freizeit- und Kulturangeboten gleichzuschalten und zu überwachen (→ S. 92).
Die DAF gründete außerdem eine Vielzahl von Firmen. Die »Bank der Deutschen Arbeit« und das Heimstättensiedlungswerk. aber auch das Volkswagenwerk in Wolfsburg gehen auf die Deutsche Arbeitsfront zurück. Nachdem die Automobilindustrie einen Volkswagen nicht subventionieren wollte, wurde die DAF von Hitler persönlich angewiesen, Europas größte Automobilfabrik (Wolfsburg) zu errichten, um einen Volkswagen zu produzieren, der für jeden erschwinglich sein sollte.
Mit dem vom Alliierten Kontrollrat am 10. Oktober 1945 erlassenen Kontrollratsgesetz Nr. 2 wurde die DAF als Organisation verboten und musste sich auflösen. Das Vermögen wurde beschlagnahmt und eine Neubildung für ungesetzlich erklärt.

Unterorganisationen der Deutschen Arbeitsfront (DAF)

- Amt Bau
- Amt für Berufserziehung und Betriebsführung
- Amt für Rechtsberatungsstellen
- Amt für Schönheit der Arbeit (bis 1939)
- Amt für technische Wissenschaften
- Amt für Volksgesundheit
- Amt Heer
- Amt Kriegsmarine
- Amt Luftwaffe
- Amt Werkschar und Schulung
- Arbeitswissenschaftliches Institut (AWI)
- Berufswettkampf aller schaffenden Deutschen
- Frauenamt
- Jugendamt
- Kraft durch Freude (KdF)
- Leistungskampf der deutschen Betriebe
- Reichsheimstättenamt
- Sozialamt

Modell des KdF-Seebads Rügen in Prora

Rohbauten des KdF-Seebads, um 1937

Die seeseitige Häuserfront des kilometerlangen Komplexes in Prora

Areal für kriegswichtige Zwecke um- und ausgebaut und die Rohbauten, soweit möglich und notwendig, vor Wind und Wetter gesichert. Bald bildete man unter anderem Luftwaffenhelferinnen aus und richtete ein Lazarett ein. Im weiteren Kriegsverlauf standen in dem riesigen Gebäude ausgebombten, nun obdachlosen Menschen (Hamburgern sowie evakuierten Deutschen aus den Ostgebieten) Behelfsunterkünfte zur Verfügung.

Die zeitgenössische Propaganda pries das Bauwerk als Beispiel für die sozialpolitischen Errungenschaften des Nationalsozialismus. Aber auch international fand es Beachtung. Bei der Weltausstellung 1937 in Paris wurde ein Modell des »Seebads Rügen« mit einem Grand Prix ausgezeichnet. Mit der Planung der Ferienanlage wurde nicht zuletzt der Grundstein für den Massentourismus gelegt, den es bis dato nicht gegeben hatte.

Nach dem Ende des Zweiten Weltkriegs wurde auf der noch immer in großen Teilen als Baustelle existierenden Anlage demontiert und geplündert. Im Zuge der Reparationsleistungen wurde ein Gutteil des Inventars und der technischen Einrichtungen über den Hafen Sassnitz in Richtung Sowjetunion verschifft.

Nach Aus- und Umbaumaßnahmen, die 1956 abgeschlossen waren, nutzte die Nationale Volksarmee der DDR den Komplex. Bis zu 17 000 Soldaten konnten nun in Prora stationiert und ausgebildet werden. Mit der Wiedervereinigung übernahm die Bundeswehr die weitläufige Anlage und räumte sie 1992.

Heute ist das Areal mit einer Länge von knapp 5 Kilometern eine der größten architektonischen NS-Hinterlassenschaften in Deutschland. Ein Gesamtkonzept für die Nutzung gibt es bislang nicht, doch haben sich inzwischen einzelne kulturelle und gastronomische Einrichtungen in einigen Bauwerksteilen etablieren können. 2011 eröffnete in Teilen des Block V eine Jugendherberge. Am historischen Ort können zwei Dokumentations- und Ausstellungszentren besucht werden, die auch Führungen anbieten.

Teile des Gebäudekomplexes Prora heute

NS-GEMEINSCHAFT KRAFT DURCH FREUDE

> **»Ich will, daß dem Arbeiter ein ausreichender Urlaub gewährt wird und daß alles geschieht, um ihm diesen Urlaub sowie seine übrige Freizeit zu einer wahren Erholung werden zu lassen. Ich wünsche das, weil ich ein nervenstarkes Volk will, denn nur allein mit einem Volk, das seine Nerven behält, kann man wahrhaft große Politik machen.«**
> (Adolf Hitler, zur Gründung der KdF im November 1933)

Die NS-Gemeinschaft Kraft durch Freude (KdF) wurde am 27. November 1933 auf einer Sondertagung der Deutschen Arbeitsfront (DAF) gegründet, um die Freizeit der deutschen Bevölkerung zu gestalten, zu überwachen und gleichzuschalten.

Nach der Zerschlagung aller Gewerkschaften im Mai 1933 wurden viele Arbeitnehmer, Arbeitgeber und Staatsbeamte Mitglieder in der DAF, die man als eine »klassenlose Volksgemeinschaft« propagierte. Durch die Mitgliedschaft in der DAF konnte man auch Leistungen der Unterorganisation Kraft durch Freude in Anspruch nehmen, die sich zum Teil über einen Pflichtbeitrag von mindestens 50 Pfennig finanzierte. Die NS-Gemeinschaft KdF erhielt darüber hinaus jährliche Zuschusszahlungen von der DAF, die auf ein erkleckliches Vermögen der übernommenen Gewerkschaftskassen zurückgreifen konnte.

Die Aufgabe der Organisation Kraft durch Freude bestand primär darin, die Leistungsfähigkeit der Beschäftigten zu steigern, das Gefühl einer Volksgemeinschaft zu schaffen und Regimetreue zu erzeugen. In der gemeinsam verbrachten Freizeit sollte das deutsche Volk zu einer starken, anderen Völkern überlegenen Gemeinschaft zusammengeschweißt werden. Mit Auslandsreisen von stolzen und vor Selbstbewusstsein strotzenden Reisenden sowie mit den jährlich stattfindenden Propagandaveranstaltungen der KdF sollte der Welt der Eindruck eines gesunden und friedliebenden Deutschland vermittelt werden.

KdF-Werbeplakat für Urlaubsreisen

Als Untergliederung der Deutschen Arbeitsfront bestand die Organisation Kraft durch Freude aus sechs Unterabteilungen:

- Amt für Reisen, Wandern und Urlaub
- Amt für Schönheit der Arbeit
- Amt Feierabend
- Deutsches Volksbildungswerk
- Sportamt
- Wehrmachtamt

Der größte Geschäftsbereich der KdF war die Organisation von Ausflügen und Reisen. Rund vier Fünftel des Umsatzes erwirtschaftete das zuständige Amt für Reisen, Wandern und Urlaub. Das Amt für Schönheit der Arbeit setzte sich für die Verbesserung der Arbeitsbedingungen in den Arbeitsstätten und Rüstungsbetrieben ein. Der Bau von Kantinen, Freizeit- und

Die »Robert Ley«, eines der beiden Flaggschiffe der KdF

Sportanlagen und selbst ganzen Arbeitersiedlungen gehörte ebenso zu den Aufgaben der Unterorganisation wie die Verbesserung von Sauberkeit, Hygiene und Ergonomie am Arbeitsplatz.
Im Amt Feierabend wurden kulturelle Veranstaltungen für Wehrmachtseinheiten oder Kriegsverwundete sowie im zivilen Bereich Betriebsfeiern organisiert.
Das Deutsche Volksbildungswerk bot Vorträge, Kurse und Dichterlesungen an der Front oder in Lazaretten an und organisierte auch Sprachkurse für ausländische Arbeiter.
Das Sportamt widmete sich sowohl der Verwundetenbetreuung als auch dem Betriebssport.

Für Reisen und Kreuzfahrten nutzte die KdF sowohl eigene wie fremde Schiffe. Als Flaggschiffe fungierten die »Wilhelm Gustloff« und die »Robert Ley«, die im Auftrag der DAF von deutschen Großwerften auf Kiel gelegt wurden. Mit Ausbruch des Zweiten Weltkriegs fungierten die Schiffe als Lazarett- oder Wohnschiffe. KdF-Seereisen fanden mit Ausbruch des Kriegs nicht mehr statt.

Neben den Kreuzfahrten war auch der Bau von insgesamt fünf Seebädern für jeweils 20 000 Menschen geplant. Aber nur in Prora erfolgte am 2. Mai 1936 die Grundsteinlegung für das »Seebad Rügen«. Dort sollte die Bevölkerung unter ideologischer und propagandistischer Beeinflussung günstig jeweils für zwei Wochen im Jahr Urlaub machen können. Mit Kriegsausbruch wurden auch dort die Baumaßnahmen für den gewaltigen Komplex von mehreren Kilometern Länge eingestellt (→ S. 88).
Nach dem Ende des Zweiten Weltkriegs wurde die DAF und mit ihr auch die Unterorganisation KdF aufgelöst.

Werbeplakat des KdF-Amtes »Schönheit der Arbeit«

27 Feierstätte der Hitler-Jugend – Bergen / Rugard-Bühne

Ernst Zinsser
Erbaut 1935/37
Rugardweg
18528 Bergen

Die von Ernst Zinsser (→ S. 63) entworfene Feierstätte der Hitler-Jugend bei Bergen gehörte zum ersten Bauprogramm der Nationalsozialisten. Die Grundsteinlegung erfolgte am 30. Juni 1935 auf dem Rugard, auf dem sich einst eine Slawenburg befand. In eine Gruft wurden die Gebeine des Rügener Hitlerjungen Hans Mallon aus dem Bergener Friedhof feierlich in das neue Ehrenmal überführt. Mallon war 1931 von Kommunisten ermordet worden. Die Stätte wurde hauptsächlich für Sonnenwendfeiern und Feierlichkeiten der HJ-Pimpfe genutzt. Die Nationalsozialisten sprengten am 1. Mai 1945 die Gruft aus Angst, die Kommunisten könnten ihr Ehrenmal schänden. Heute befindet sich an dieser Stelle eine neu errichtete Freilichtbühne, in der regelmäßig Veranstaltungen stattfinden. An dem Weg dorthin liegt der 1877 eingeweihte Ernst-Moritz-Arndt-Turm, von dem man einen herrlichen Ausblick auf die gesamte Insel Rügen hat.

28 Napola Putbus / IT-Schule

Erbaut 1827–1836
Circus 16
18581 Putbus

In den Jahren 1941 bis 1945 wandelte man das aus dem 19. Jahrhundert stammende königliche Pädagogium in eine Nationalpolitische Erziehungsanstalt (Napola) um. Hier wurde die künftige Führungselite des »Dritten Reiches« vom zehnten Lebensjahr an unterrichtet. Die Jugendlichen sollten nicht zu intelligenten und selbständig denkenden Persönlichkeiten, sondern

»Dann kommt eine neue deutsche Jugend, und die dressieren wir schon von ganz kleinem an für diesen neuen Staat. [...] Wenn diese Knaben und Mädchen mit ihren zehn Jahren in unsere Organisationen hineinkommen [...], dann kommen sie vier Jahre später vom Jungvolk in die Hitlerjugend, und dort behalten wir sie wieder vier Jahre, und dann geben wir sie erst recht nicht zurück in die Hände unserer alten Klassen- und Standes-Erzeuger, sondern dann nehmen wir sie wieder fort in die Partei und die Arbeitsfront, in die SA oder in die SS, in das NSKK usw.«
(Adolf Hitler, 1938)

Ehrenmal für Hans Mallon in der HJ-Feierstätte Bergen, um 1938

Die ehemalige Napola Putbus, heute eine IT-Schule

zu gläubigen, dem Nationalsozialismus ergebenen Menschen herangezogen werden. Auf dem Lehrprogramm standen militärische Fächer wie Schießen und Reiten, aber auch gemeinschaftsstärkende Zeltlager, Gruppenfahrten oder gemeinsame Feiern. Die Berufswahl war den Absolventen freigestellt, vorzugsweise meldeten sich die Abgänger der Napola allerdings bei der Wehrmacht oder traten in die Waffen-SS ein.

Nach dem Krieg wurde das Haus zur Ausbildung von Lehrkräften, aber auch von einer Spezialschule für Hörgeschädigte genutzt. Mittlerweile finden im Gebäude nach umfangreichen Sanierungsmaßnahmen Aus- und Weiterbildungsseminare einer IT-Schule statt.

29 Gedenkstein Putbus-Lauterbach

Fürst-Malte-Allee 1
18581 Putbus-Lauterbach

Der am 1. Juli 1978 gesetzte Gedenkstein in Lauterbach vor dem unter Denkmalschutz stehenden Badehaus Goor erinnert an die Ereignisse des 30. April 1945.

Damals waren zwei offene Kähne mit Häftlingen des Konzentrationslagers Stutthof (→ S. 135) am Strand von Lauterbach unter scharfer Bewachung ausgeladen worden. Als die Putbuser Bäckersfrau Puchert Brot an die entkräfteten Häftlinge verteilen wollte, kam es zu Tumulten.

Die SS-Wachen schossen; einige Häftlinge wurden getötet, andere konnten fliehen.

Gedenkstein in Lauterbach vor dem Badehaus Goor

BODDEN- UND HAFFKÜSTE

In der dünn besiedelten Region entlang der Boddenküste und am Stettiner Haff gab es einige Rüstungsbetriebe, die aber vom Umfang her nicht mit anderen Produktionsstandorten an der Ostseeküste mithalten konnten. Während Greifswald von Bombardements verschont blieb, wurde Anklam zunächst durch Bombenangriffe und dann durch die letzten Gefechte mit der Roten Armee zu großen Teilen zerstört.

30 Gedenkmauer – Neuer Friedhof Greifswald

Am Neuen Friedhof
17489 Greifswald

1970 wurde auf dem Neuen Friedhof von Greifswald ein »Ehrenhain für Verfolgte des Naziregimes« angelegt. Vor einer Mauer sind vor allem kommunistische Widerstandskämpfer beigesetzt, die nach 1945 verstorben sind, sowie Bürger der Stadt mit »besonderen Verdiensten beim Aufbau des Sozialismus«.
Des Weiteren erinnert eine Bodenplatte seit 1974 an 172 ums Leben gekommene Häftlinge der Herresversuchsanstalt Peenemünde (→ S. 104), die während des Kriegs im Greifswalder Krematorium verbrannt wurden.
Außerdem existieren auf dem Friedhof zwei Gemeinschaftsgräber für NS-Opfer. In den Grabanlagen wurden 641 Zwangsarbeiter und Kriegsgefangene, zumeist sowjetischer Herkunft, bestattet. Dort liegen auch 65 deutsche Soldaten, die im Wehrmachtsgefängnis Anklam (→ S. 98) wegen »Wehrkraftzersetzung« zum Tode verurteilt und hingerichtet worden waren.

31 Stammlager II C

Erbaut 1940
Franz-Mehring-Straße
17489 Greifswald

Von 1940 bis 1945 bestand in Greifswald das Kriegsgefangenenlager Stammlager II C. In diesem Lager wurden einige tausend Kriegsgefangene aus den von Deutschland besetzten Ländern interniert und in Nebenlagern in der Region zur Zwangsarbeit eingesetzt.
Vor Ort erinnert kein Gedenkstein an das Stammlager.

Gedenkmauer auf dem Neuen Friedhof Greifswald

Fliegerhorst Greifswald – Trauerfeier nach einem Flugzeugunglück, Januar 1936

32 Fliegerhorst Greifswald
Erbaut 1934–1936
Max-Reimann-Straße
17493 Greifswald

Beim Bau des Fliegerhorsts entstanden neue Kasernengebäude, massive Flugzeughallen sowie weitere flughafentechnische Einrichtungen. Eine Kampffliegergruppe und eine Aufklärungsstaffel belegten den Fliegerhorst bis 1940. Im Jahr darauf wurden Kriegsfreiwillige aus Kroatien in den deutschen Einsatzgrundsätzen geschult und dann an die Front verlegt. Danach nutzten verschiedene Einheiten den Platz als Zwischenstation. In den letzten Kriegswochen agierten von hier aus Luftwaffeneinheiten zum Schutz der Flüchtlingstrecks und flogen Angriffe gegen die immer weiter vordringende Rote Armee.

Sanierte ehemalige Unterkünfte neben dem Fliegerhorst Greifswald

»Weitblick« in Greifswald

Greifswald war während des Zweiten Weltkriegs von alliierten Luftbombardements verschont geblieben. Dass die Stadt auch beim Einmarsch der sowjetischen Truppen nicht zerstört wurde, ist einigen Stralsunder Bürgern zu verdanken, die sich zusammengetan hatten, um die Stadt kampflos an die Rote Armee zu übergeben. Sie konnten Rudolf Petershagen, einen Wehrmachtsoffizier, der im Januar 1945 zum Stadtkommandanten ernannt worden war, von ihrem Vorhaben überzeugen, der dann kurz vor dem Eintreffen der Roten Armee sämtliche Schritte für eine Kapitulation einleitete. Der Rektor der Greifswalder Universität, Prof. Dr. Carl Engel, der Direktor der Medizinischen Universitätsklinik, Prof. Dr. Gerhardt Katsch, und Oberst Dr. Max Otto Wurmbach fuhren daraufhin in der Nacht vom 29. zum 30. April 1945 hinter die feindlichen Linien in das bereits brennende und zerstörte Anklam und verhandelten erfolgreich mit russischen Offizieren die kampflose Übergabe der Universitätsstadt Greifswald.

Gedenktafel in der Bluthsluster Straße, die an das Treffen erinnert, das Greifswald vor der Zerstörung bewahrte

Der Platz wurde nach dem Krieg komplett demontiert und geschliffen. Nur noch Wohnhäuser, Teile des Technikparks und ein freies großes Feld erinnern an den ehemaligen Fliegerhorst.

33 Gedenkstein Alfons Maria Wachsmann

Rubenowstraße
17489 Greifswald

Der Pfarrer und Seelsorger Alfons Maria Wachsmann setzte sich in wöchentlichen Diskussionsrunden mit Studenten kritisch mit dem NS-System auseinander. Am Tag der Lübecker Christenprozesse (→ S. 38) wurde Wachsmann im Rahmen einer Gestapo-Aktion, die sich gegen Geistliche in Pommern richtete, am 23. Juni 1943 verhaftet, durch den Volksgerichtshof zum Tode verurteilt und am 21. Februar 1944 hingerichtet.
In der Rubenowstraße erinnert seit 1984 ein Gedenkstein an den Theologen Alfons Maria Wachsmann.

34 Ehrenmal für die Opfer des Faschismus – Anklam

Stadtpark Anklam
17389 Anklam

Das Ehrenmal für die Opfer des Faschismus wurde am 30. April 1975 anlässlich des 30. Jahrestags der »Befreiung« Anklams durch die Rote Armee eingeweiht. Das Denkmal wurde auf einer terrassenförmigen Anhöhe errichtet und besteht aus einer in sieben Quader gegliederten Sandsteinstele mit dem roten Häftlingswinkel als dem Symbol für die politischen Häftlinge. In schmiedeeisernen Buchstaben steht zu lesen: »Den Toten zum Gedenken – Der Nachwelt zur Mahnung – Dachau, Buchenwald, Ravensbrück, Auschwitz«.

35 Wehrmachtsgefängnis Anklam

Genutzt ab 1940
Friedländer Landstraße
17389 Anklam

Das ursprünglich als Frauengefängnis angelegte Gebäude wurde ab 1940 als Militärstrafanstalt genutzt, in der Wehrmachtssoldaten zum Beispiel we-

Gedenkstein für Kriegsopfer im Stadtpark von Anklam

Ehemaliges Wehrmachtsgefängnis Anklam

gen Befehlsverweigerung oder Selbstverstümmelung inhaftiert waren. Die für 600 Personen ausgelegte Strafanstalt war zeitweise von bis zu 1500 Personen belegt. Die Häftlinge mussten in verschiedenen Rüstungsbetrieben Anklams und Umgebung arbeiten. Einzelne Arbeitskommandos waren auch in der Heeresversuchsanstalt Peenemünde eingesetzt.
In Todeszellen im Keller warteten die Häftlinge, die – zumeist wegen Wehrkraftzersetzung – zum Tode verurteilt worden waren, auf Ihre Hinrichtung. Zwischen 1941 und 1945 wurden mindestens 136 Menschen exekutiert. Die Leichen der Erschossenen wurden durch andere Todeskandidaten auf dem Anklamer Friedhof beigesetzt oder an die medizinische Fakultät der Universität Greifswald überführt. Noch drei Tage vor dem Einmarsch der Roten Armee wurden am 26. April 1945 zwei Soldaten hingerichtet.
Nach dem Krieg nutzte man die Gebäude als Getreidelager.
Auf dem Friedhof erinnert seit 1950 ein Gedenkstein aus rötlichem Granit an die hier begrabenen 32 polnischen Zwangsarbeiter und Kriegsgefangenen, die in den Betrieben Anklams und Umgebung hatten arbeiten müssen.
Die Bürgerstiftung »Zentrum für Friedensarbeit« engagiert sich für einen Ort der Erinnerung auf dem Areal des ehemaligen Wehrmachtsgefängnisses.

36 Jüdischer Friedhof Anklam

Min Hüsung
17389 Anklam

1936 fand auf dem Jüdischen Friedhof die letzte Beisetzung statt. 250 Mitglieder zählte einst die Jüdische Gemeinde in Anklam. In der Reichspogromnacht im November 1938 wurde auch dieser Friedhof geschändet. Die in Auflösung befindliche Synagogengemeinde verkaufte das Friedhofsgrundstück an die Mecklenburgisch-Pommersche Schmalspurbahn AG im August 1940 für 250 Mark. Im Kaufvertrag sicherte der neue Eigentümer zu, dass der Friedhof die nächsten 30 Jahre unverändert erhalten und zugänglich bleiben werde. Zu diesem Zeitpunkt lebten noch elf Juden in Anklam, die aber 1942 deportiert wurden. Im August 1944 wurde trotz der Vereinbarungen im Kaufvertrag nach Bombenangriffen Schutt auf den Friedhof gekippt.
In Anwesenheit eines Rabbiners wurde der Friedhof 1962 zur Mahn- und Gedenkstätte erklärt.

Gedenkstein auf dem Jüdischen Friedhof in Anklam

37 Fliegerhorst Anklam / Verkehrslandeplatz Anklam

Erbaut 1936–1943
Am Flugplatz
17389 Anklam

Auf dem Fliegerhorst Anklam entstanden ab 1936 unter anderem mehrere Flugzeughallen, Kasernengebäude und ein Technik- und Fuhrpark. In den ersten Jahren stellte man hier die Bombenschule Anklam auf, deren Angehörige den Bombenabwurf trainierten. Nach Luftangriffen auf den Flugplatz Peenemünde im August 1943 verlegte man das dortige Personal und die Flugzeuge auf den Fliegerhorst Anklam. Durch den Ausbau des Fliegerhorsts zu einem »Luftpark« wurden bereits eingeflogene Flugzeuge von der Industrie übernommen, überholt, ausgerüstet und wieder den Luftwaffeneinheiten übergeben. In den letzten Kriegsmonaten starteten von Anklam Luftwaffeneinheiten, die die nach Westen vorrückende Rote Armee bekämpften.
Mit der Einnahme des Platzes durch die Roten Armee am 29. April 1945 ging auch hier der Krieg zu Ende. Es folgte eine fast vollständige Demontage des Fliegerhorsts. Einige Bereiche des ehemaligen Fliegerhorsts werden als Verkehrslandeplatz Anklam genutzt.

38 Landesheilanstalt Ueckermünde / Christophorus-Krankenhaus

Ravensteinstraße 23
17373 Ueckermünde

Auch die Heilanstalt Ueckermünde beteiligte sich an der Vernichtung »lebensunwerten Lebens« und an der »Euthanasie« im Rahmen der »Aktion T4« (→ S. 103). Zwischen 1939 und 1945 waren in der psychiatrischen Heilanstalt Ueckermünde psychisch Kranke und behinderte Patienten der NS-Willkür ausgesetzt. Kinder und Jugendliche wurden aus dieser Anstalt

Neugebaute Flugzeughalle auf dem Verkehrslandeplatz Anklam

zum Zweck ihrer Tötung in andere Anstalten deportiert. Die Verbrechen in der Ueckermünder Heilanstalt sind nie strafrechtlich verfolgt worden.
Ein am 9. Oktober 1991 aufgestelltes Mahnmal aus Holz erinnert an die ermordeten Patienten der ehemaligen Landesheilanstalt Ueckermünde. Das Denkmal ist das erste Gedenkzeichen für Opfer der nationalsozialistischen »Euthanasie«-Verbrechen auf dem Gebiet der ehemaligen DDR.
Auf einem zum Krankenhaus gehörenden Friedhof wurden neben verstorbenen Mitarbeitern auch Patienten und Zwangsarbeiter in Einzelgräbern oder anonymen Urnenfeldern bestattet.

39 Friedhof Ueckermünde

Parkweg
17373 Ueckermünde

Auf dem Friedhof von Ueckermünde gibt es Sammelgräber und eine Grabanlage mit 35 Einzelgräbern, in denen sowjetische, polnische und albanische Zwangsarbeiter, die in den Rüstungsbetrieben der Umgebung eingesetzt waren, begraben sind.
Da nicht mehr für alle Gräber Unterlagen existieren, ist nicht klar, wie viele Opfer hier wirklich begraben liegen. In den 50er Jahren wurden französische und italienische Zwangsarbeiter exhumiert und in ihren Heimatländern bestattet.

40 Deutsche Sprengchemie Ueckermünde – See I

Erbaut 1936–1938
Oststraße
17373 Ueckermünde

In Vorbereitung des Zweiten Weltkriegs wurde auf dem Nürnberger Reichsparteitag 1936 der Vierjahresplan verkündet und ab Oktober desselben Jahres umgesetzt. Der Plan sah vor, die deutsche Wirtschaft kriegstauglich zu machen. Dafür war der Auf- und Ausbau einer leistungsfähigen Sprengstoffindustrie notwendig. Entsprechende Produktions- und Weiterverarbeitungsanlagen wurden im gesamten Reich in zumeist abgelegenen Regionen eingerichtet.
In einem großen Waldstück in der Nähe der Stadt Torgelow entstand ab 1936 ein Pulverherstellungsbetrieb für die Wehrmacht unter dem Deckmantel einer zivilen und privaten Gesellschaft. Auf dem Areal wurden in 650 Bunkern monatlich bis zu 2440 Tonnen Pulver hergestellt. Das Werk war einer der größten Produktionsstandorte der Deutschen Sprengchemie GmbH (DSC). Das Werk der in enger Verbindung zur DSC stehenden Verwertchemie (GmbH zur Verwertung chemischer Erzeugnisse) mit dem Tarnnamen »See I« befand sich südöstlich von Ueckermünde in einem Waldstück, wurde im Jahr 1938 fertiggestellt und produ-

Ruinen des Rüstungswerkes der Deutsche Sprengchemie bei Ueckermünde

zierte Nitrocellulose für die weitere Verarbeitung. Der Bevölkerung erklärte man, es handele sich um eine Bonbon- oder Textilfabrik. Der Rüstungsbetrieb gliederte sich in drei Hauptbereiche: die Nitrocellulose-herstellung, die Füllstelle für Bomben und eine Versuchs- und Erprobungsstelle für Neuentwicklungen und Qualitätstests.
Zwischen dem Werk und der Stadt Ueckermünde entstanden Wohnsiedlungen für seine Arbeiter und Angestellten. Zwangsarbeiter aus verschiedenen Ländern wurden sowohl in Torgelow als auch in Ueckermünde eingesetzt. Das Werk »See I« wurde im Zweiten Weltkrieg nicht zerstört. Seine Demontage und Sprengung dauerte bis 1949 an. Seitdem zeugen im Wald nur noch Ruinenreste von dem ehemals kriegswichtigen Rüstungsbetrieb. Vor einigen Jahren wurde das Areal nochmals nach Munitionsresten abgesucht und dann renaturiert. Text- und Bildtafeln informieren nun über den geschichtlichen Ort.

41 Stammlager II D / Ehrenfriedhof / Altwarp

Südstraße
17375 Altwarp

Im Winter 1942/43 wurde etwas außerhalb vom Ort Altwarp ein Lager für sowjetische Kriegsgefangene eingerichtet. Die Häftlinge setzte man zur Zwangsarbeit in einem Betrieb der Deutschen Sprengchemie ein.
Etwa 200 der in Altwarp verstorbenen Kriegsgefangenen liegen auf einem nach 1945 umgestalteten Ehrenfriedhof bei Altwarp in 79 Gemeinschaftsgräbern. Ein großer Obelisk trägt die Inschrift: »Ruhm und Ehre den Helden der Sowjetunion«.

Ehrenfriedhof Altwarp

»EUTHANASIE«

Im Zeichen der nationalsozialistischen »Rassenhygiene« wurden zwischen 1939 und 1945 Zehntausende Menschen aus Heil- und Pflegeanstalten Opfer organisierter Morde oder vorsätzlicher Vernachlässigung, die ebenfalls zum Tod führten.

Schon bald nach der Machtübernahme hatten die Nationalsozialisten begonnen, ihre rassenideologischen Vorstellungen in die Praxis umzusetzen. Bereits am 14. Juli 1933 erließen sie das »Gesetz zur Verhütung erbkranken Nachwuchses«, das auch eine erzwungene Sterilisation von Menschen mit vermeintlich erblichen Krankheiten vorsah. Bis 1945 wurden insgesamt etwa 400 000 Männer und Frauen zwangssterilisiert, wobei über 6000 Menschen während oder nach den Eingriffen zu Tode kamen. Im selben Geiste wurde am 18. Oktober 1935 das »Gesetz zum Schutze der Erbgesundheit des deutschen Volkes« verabschiedet, das behinderten Menschen, aber auch Fürsorgeempfängern, Langzeitarbeitslosen oder kinderreichen »Asozialen« verbot, zu heiraten.

Die nationalsozialistische »Rassenhygiene« gipfelte in den »Euthanasie« genannten Massenmorden an geisteskranken und behinderten Menschen. Gleich nach dem Überfall auf Polen begann die »Kinder-Euthanasie«, in deren Verlauf mindestens 5000 geistig oder körperlich behinderte Säuglinge und Kinder getötet wurden. Fast zeitgleich und von Hitler persönlich durch einen auf den 1. September 1939 rückdatierten Führererlass ermächtigt, startete die »Euthanasie« an Erwachsenen unter der Tarnbezeichnung »Aktion T 4« (ein Kürzel für deren Zentrale in der Tiergartenstraße 4 in Berlin) mit der Erfassung von Patientendaten. Am 18. Januar 1940 erfolgten die ersten Probevergasungen in Brandenburg/Havel und Hadamar. Im Zuge dieser Aktion wurden etwa 70 000 Patienten von Heil- und Pflegeanstalten aus dem gesamten Reichsgebiet in sechs Tötungsanstalten – Bernburg/Saale, Brandenburg an der Havel, Grafeneck, Hadamar, Hartheim und Sonnenstein bei Pirna – durch Giftgas umgebracht.

Auch nach offizieller Beendigung der »Aktion T 4« im August 1941 aufgrund kirchlicher Proteste wurde die »Euthanasie« verdeckt weitergeführt, unter anderem durch bewusste Vernachlässigung oder falsche Medikamentierung der Patienten und Heiminsassen.

In der Nachfolge der »Aktion T 4« begann die »Aktion 14 f 13« (benannt nach dem Aktenzeichen des Inspekteurs der Konzentrationslager), in deren Rahmen nicht mehr arbeitsfähige, kranke oder alte KZ-Häftlinge ab 1941 bis zum Kriegsende umgebracht wurden. Bei dieser »Invaliden- und Häftlingseuthanasie« griff man auf Einrichtungen und Personal der Tötungsanstalten zurück, die schon an der »Aktion T 4« beteiligt gewesen waren und nun »freie Kapazitäten« hatten.

Mit der »Aktion Brandt« wurden ab 1943 Bewohner von Heil- und Pflegeanstalten verlegt oder getötet, um Bettenplätze für die zunehmende Zahl an verwundeten Wehrmachtssoldaten zu schaffen. Die Aktion erhielt den Namen des Bevollmächtigten für das Sanitäts- und Gesundheitswesen, Karl Brandt, und stand in der Nachfolge der »Aktion T 4«. Den verschiedenen »Euthanasie«-Aktionen fielen im europaweit insgesamt etwa 300 000 Menschen zum Opfer.

Gedenktafel am Ort der ehemaligen Zentrale der »Aktion T 4« in Berlin

INSEL USEDOM

Ende des 19. Jahrhunderts begann der Badebetrieb auf Usedom. Noch heute zeugen viele Gebäude in den drei »Kaiserbädern« Bansin, Heringsdorf und Ahlbeck von den zahlreichen mondänen und gutbürgerlichen Badegästen.
Ab 1936 wurden Teile der Insel zum Sperrgebiet erklärt, wo Wissenschaftler wie Wernher von Braun die ersten weltraumfähigen Raketen entwickelten.

42 Heeresversuchsanstalt Peenemünde-Ost / Historisch-Technisches Museum Peenemünde

Erbaut 1936-1942
17449 Peenemünde
April-September: 10-18 Uhr, Oktober: 10-16 Uhr, November-März: Di-So 10-16 Uhr

Ab 1936 wurde im Norden der Insel Usedom die Heeresversuchsanstalt Peenemünde-Ost eingerichtet. Nachdem die zuvor genutzten Areale bei Kummersdorf an ihre Kapazitätsgrenzen gestoßen waren, hatte man sich zum Umzug nach Peenemünde entschlossen, um unter besseren Bedingungen weiterzuarbeiten.
Dort entstanden Gebäudekomplexe zur Forschung und Entwicklung neuartiger Raketenwaffen, ein großräumiges Testgelände mit mehreren Prüfständen, ein

Startende V2 auf dem Gelände der Heeresversuchsanstalt in Peenemünde-Ost

Historisch-Technisches Museum

eigenes Kraftwerk, Unterkünfte und Wohnsiedlungen für die Wissenschaftler und Werktätigen sowie eine elektrifizierte Werkbahn.
In einem Team von Wissenschaftlern entwickelten die Forscher um Wernher von Braun die erste funktions- und flugfähige Rakete, die eine Reichweite von mehreren hundert Kilometern besaß. Vom Prüfstand VII erfolgte am 3. Oktober 1942 der erste erfolgreiche Start der Aggregat-4-Rakete (A 4), die in der NS-Propaganda als V 2 (Vergeltungswaffe 2) in die Geschichte einging und vor allem die britische Bevölkerung in Angst versetzte (→ S. 115). Aufgrund von alliierten Bombenangriffen, die das Versuchsgelände nahezu vollständig zerstörten, wurde die Serienproduktion ab August 1943 in unterirdische Produktionsstätten, in das sogenannte Mittelwerk des KZ Mittelbau-Dora im Harz, verlagert.
Unmittelbar an der Eisenbahnlinie zwischen Karlshagen und Trassenheide befand sich ein großes Barackenlager, in dem unter anderem Zwangsarbeiter untergebracht waren. Die Häftlinge mussten in den Jahren 1939 bis zur vollständigen Evakuierung des Areals im Frühjahr 1945 in Peenemünde Zwangsarbeit leisten.
Viele Gebäude der Heeresversuchsanstalt Peenemünde-Ost wurden nach dem Krieg demontiert und verwertbare Bauteile in die Sowjetunion gebracht. Das Material und die übernommenen Mitarbeiter sowohl aus Peenemünde als auch aus anderen deutschen Forschungs- und Produktionseinrich-

Wernher von Braun
1912–1977

Wernher von Braun (in Zivil) in Begleitung von Wehrmachtsangehörigen auf dem Versuchsgelände in Peenemünde, Frühjahr 1941

Wernher Magnus Maximilian Freiherr von Braun wurde am 23. März 1912 in Wirsitz, Posen geboren und gilt als Pionier und Visionär der Raumfahrt. Früh entdeckte Braun sein Interesse an den Naturwissenschaften und experimentierte bereits im Alter von 13 Jahren mit Feuerwerksraketen in Berlin-Tiergarten. Noch während seiner Abiturzeit tüftelte er mit Mitgliedern des Vereins für Raumschifffahrt an Raketen mit Flüssigkeitstriebwerken.
1932, nach dem Studium der Mechanik, wurde Braun Zivilangestellter des Raketenprogramms des Heereswaffenamtes. Der Versuchsplatz befand sich gut 30 Kilometer südlich von Berlin bei Kummersdorf-Gut. Als das dortige Gelände zu klein wurde, zog man auf das neue Erprobungs- und Entwicklungsareal in Peenemünde um. Von 1937 bis 1945 war Wernher von Braun technischer Direktor der Heeresversuchsanstalt Peenemünde. Das unter seiner Leitung entwickelte Aggregat 4 war das erste von Menschen geschaffene Objekt, das den Weltraum erreichen konnte.
Nach dem Zweiten Weltkrieg setzte Wernher von Braun seine Entwicklungsarbeit in den USA fort und war von 1970 bis 1972 stellvertretender Direktor der NASA, der zivilen US-Bundesbehörde für Luft- und Raumfahrt. Braun verstarb am 16. Juni 1977 in Alexandria, Virginia.

Übersichtskarte der Anlagen um Peenemünde

tungen bildeten die Grundlage der sowjetischen Raketenprojekte.
Das über die Jahre von der Natur zurückeroberte Gelände ist heute ein Naturschutzgebiet, das nicht betreten werden darf. Dafür kann man sich im 1991 eröffneten Historisch-Technischen Informationszentrum – seit 2010 ein Museum –, das auf dem Areal des 1990 stillgelegten Steinkohlekraftwerks am Hafen von Peenemünde untergebracht ist, über die Geschichte dieses Ortes und der Umgebung im »Dritten Reich« informieren. 2014 soll auf dem Dach des Kraftwerks, in einer Höhe von knapp 34 Metern, eine Aussichtsplattform eröffnet werden.

43 Flugplatz Peenemünde / Erprobungsstelle der Luftwaffe Peenemünde-West

Erbaut 1935–1938
Am Flugplatz
17449 Peenemünde
Mai–Oktober: Busrundfahrten
11, 13, 15 Uhr

1936 begannen die Bauarbeiten für den Flugplatz Peenemünde. Nach dessen Fertigstellung im Jahr 1938 nutzte die Versuchs- und Erprobungsstelle Peenemünde-West die Start- und Landebahnen zur Erprobung verschiedenster Flugzeugtypen und Waffen. Am nordöstlichen Rand des Flugplatzes errichtete man direkt an der Küste

Anlagen des Flugplatz Peenemünde, 2012

Abschussvorrichtungen für die Flugbombe Fi-103, den ersten Marschflugkörper der Welt (→ S. 114).
In den letzten Kriegswochen starteten von hier aus Flugzeuge, sogenannte Mistelgespanne, die mehrere Oderbrücken zerstörten, um das Vorrücken der Roten Armee zu erschweren.
Der Flugplatz wurde am 4. Mai 1945 von sowjetischen Truppen kampflos eingenommen und bis 1960 für eigene Zwecke genutzt. Die Werft- und Flugzeughallen sowie weitere Einrichtungen des Flugplatzes mussten in Übereinstimmung mit dem Potsdamer Abkommen gesprengt bzw. demontiert werden.
1961 bezog die Nationale Volksarmee (NVA) mit ihrem Jagdgeschwader 9 (JG-9) den Flugplatz und errichtete eine Vielzahl an geschützten Flugzeugdeckungen sowie eine neue Werfthalle. Unweit des Flugplatzes befindet sich ein 1944 erbauter und nach dem Zweiten Weltkrieg gesprengter Hochbunker vom Typ T-750 (→ S. 13). Der Bunker diente dem Luftschutz der Mitarbeiter der Versuchsstellen in Peenemünde und bot auf drei Etagen Platz für 750 Personen.
Noch heute sind Relikte aus dieser Zeit und der intensiven Nachnutzung durch die Gruppe Sowjetischer Streitkräfte in Deutschland (GSSD) und der NVA zu finden.

44 Inseln Ruden und Greifswalder Oie

Besichtigung des Museums im Rahmen eines Schiffsausflugs möglich

Die Inseln Ruden und Greifswalder Oie wurden ebenfalls für wissenschaftliche und militärische Zwecke genutzt und befinden sich nördlich der Insel Usedom.
Auf Ruden errichtete man 1940 für die Heeresversuchsanstalt Peenemünde einen Turm, von dem aus man die Flugbahn der abgeschossenen Raketen beobachten konnte. Heute befindet sich im ehemaligen Beobachtungsturm ein kleines Museum zur Geschichte der Insel, zu den Vorgängen während des Zweiten Weltkriegs sowie zur heimischen Flora und Fauna. Von der Aussichtsplattform hat man einen herrlichen Blick über den Greifswalder Bodden zu den benachbarten Inseln Rügen, Usedom und Greifswalder Oie.
Auf der Greifswalder Oie existierte eine Abschussrampe für die V 2, von der nur noch Reste vorhanden sind. Zu DDR-Zeiten war die Insel Sperrgebiet der Nationalen Volksarmee, auf der Soldaten stationiert waren. Außerdem befand sich dort der VEB Forschungsstelle für Bienenwirtschaft. Seit 1993 kümmert sich der Verein Jordsand e. V. um die Insel, die nun

Ehemaliger Beobachtungsturm auf der Insel Ruden

frei zugänglich ist. Auf dem kleinen Eiland befindet sich ein Wanderweg, der vom Hafen bis zum Leuchtturm an der Nordspitze führt und für Besichtigungstouren bestens geeignet ist.

45 NS-Wohnsiedlung Karlshagen / Wohnsiedlung

Erbaut 1936
Hauptstraße
17449 Karlshagen

Die touristische Entwicklung kam zwischen 1936 und 1945 vollständig zum Erliegen, da sich Karlshagen in unmittelbarer Nähe der Heeresversuchsanstalt Peenemünde befand. Hier errichtete man Wohnsiedlungen und Unterkünfte für Wissenschaftler und Angehörige des Forschungs-, Wissenschafts- und Produktionsstandorts Peenemünde.

Teile der Wohnsiedlung sind erhalten geblieben und werden noch immer als solche genutzt. Die mehrgeschossigen Häuser mit Gartenland sind Teil einer größeren Wohnanlage, die aber bei Luftangriffen zerstört wurde. Nördlich der noch erhaltenen Wohnsiedlung befinden sich am Waldrand die Reste der Personenunterführung und die Ruine des ehemaligen Bahnhofs Karlshagen. Zwischen ihm und einzelnen Produktionsstätten in Peenemünde verkehrte eine elektrifizierte Werkbahn, deren Züge große Ähnlichkeit mit den damaligen Berliner S-Bahnen aufwiesen.

Auch zu DDR-Zeiten blieb das Gelände nördlich von Karlshagen Sperrgebiet.

Wohnsiedlung Karlshagen

Mosaik der Mahn- und Gedenkstätte Karlshagen

Nach der Wende zog der Alltag wieder in und um Karlshagen ein, viele alte Gebäude werden seitdem nachgenutzt, und der Tourismus erlebte einen regen Aufschwung.

46 Mahn- und Gedenkstätte Karlshagen
Bahnhofstraße
17449 Karlshagen

Beim ersten großen Bombardement der Alliierten im August 1943 auf die Anlagen um Peenemünde wurde auch das Barackenlager Trassenmoor in Trassenheide stark zerstört.
735 Personen, die beim Luftangriff ums Leben gekommen sind – darunter Häftlinge und Zwangsarbeiter aus der Region –, wurden in einem Massengrab an der Straße nach Karlshagen beigesetzt. Eine genaue Zahl an Häftlingen und Zwangsarbeitern ist nicht überliefert, da ihre Akten in den letzten Kriegswochen vernichtet wurden.
Kurz vor dem Ortseingang des Ostseebads befindet sich direkt an der Straße die am 8. Mai 1970 eingeweihte Mahn- und Gedenkstätte Karlshagen. Im Zentrum der Gedenkstätte steht eine hohe Bildwand mit einem dreiteiligen Mosaik des Künstlers Klaus Rösler. 1994/95 wurde die Gedenkstätte verändert und mit einer weiteren Gedenktafel versehen.
Der Friedhof und die frei zugängliche Mahn- und Gedenkstätte Karlshagen erinnern an die Opfer des Barackenlagers Trassenmoor, an die ums Leben gekommenen Häftlinge und Zwangsarbeiter sowie die Wissenschaftler und Werksangestellten, die in und um Peenemünde bei Bombenangriffen starben.

47 V1-Abschussrampen – Seebad Zempin
Erbaut 1943
Am Dünengelände
17459 Zempin

Zwischen Zempin und Zinnowitz befindet sich in der Nähe des Campingplatzes eine gut erhaltene Abschussrampe der Flügelbombe Fi 103 (V 1) mitten im Wald. Während des Zweiten Weltkriegs gehörte das Areal zum Sperrgebiet um Peenemünde. Hier wurde die V 1 (→ S. 114) unter Einsatzbedingungen erprobt und das Bedienungspersonal unter Feldbedingungen ausgebildet. Zwei von ehemals drei Startrampen sind in Rudimenten erhalten. Von hier aus wurden die Flügelbomben entlang der pommerschen Küste Richtung Danziger Bucht verschossen und ihre Flugbahn über eine Kette von Beobachtungsstationen, die sich entlang der Küste befanden, verfolgt und vermessen. Die erste V 1 startete in Zempin am 26. Oktober 1943. Bereits ein halbes Jahr später,

Reste der V 1-Feldstellung bei Zempin

im Juni 1944, erfolgte der massive Einsatz der Waffe gegen England von Stellungen an der französischen Kanalküste aus.

Am Achterwasser befindet sich im Seebad Zempin das Restaurant »Inselhof«, in dem bis zum Kriegsende Wernher von Braun, weitere Wissenschaftler und Mitarbeiter aus Peenemünde gern einkehrten. Auch heute noch hängen Fotos des Raketenbauers im Eingangsbereich der Restauration.

48 Thingstätte Usedom

Erbaut 1933/34

Jägersberg
17424 Heringsdorf

In der Nähe des Bahnhofs von Heringsdorf fand am 1. Mai 1934 die feierliche Einweihung der Usedomer Thingstätte statt. Im Wald des Präsidentenberges unterhalb des Bismarckturms gelegen, bot sie mehreren tausend Personen Platz für politische Kundgebungen und andere Veranstaltungen. Mit dem Bau solcher Versammlungsstätten sollte die altgermanische Thingtradition wiederbelebt werden (→ S. 62).

Nach dem Krieg wurde die Anlage samt Bismarckturm komplett abgetragen; heute zeugt nur noch eine Senke von der ehemaligen Kultstätte.

49 Fliegerhorst Garz / Flughafen Heringsdorf / Hangar 10

Erbaut 1935/36

Am Flughafen 1
17419 Zirchow

Ein seit 1919 bestehender ziviler Start- und Landeplatz südwestlich des Dorfes Garz wurde ab 1935 zu einem Fliegerhorst ausgebaut, auf dem mehrere Luftwaffeneinheiten bis zum Kriegsende stationiert und geschult wurden. Von Garz aus operierten in den letzten Kriegsmonaten verschiedene Einheiten gegen die vorrückende Rote Armee.

Im Mai 1945 wurde der Platz dann fluchtartig geräumt und intakt von den Sowjets übernommen, die dort bis 1951 Marineflieger stationierten. Nach deren Abzug nutzte ein sowjetisches Panzerbataillon Teile des Areals bis in die 80er Jahre hinein. Auch die Nationale Volksarmee der DDR war präsent und unterhielt hier einen Reserveflugplatz mit teilweise ziviler Nutzung.

Bis heute ist der ehemalige Fliegerhorst, der inzwischen Verkehrsflugplatz Heringsdorf heißt, in Betrieb und wird von mehreren Fluglinien aus Deutschland im Linienverkehr angeflogen.

In Teilen des ehemaligen Kasernenbereichs entsteht ein Wohnpark.

Ausstellung »Hangar 10« in einer ehemaligen Flugzeughalle des Fliegerhorstes

50 Gedenkstätte Golm
Dorfstraße
17419 Golm
Täglich geöffnet

Der Golm ist mit 69 Metern die höchste Erhebung auf der Insel Usedom. Noch heute erkennt man die Reste einer Burgwallanlage aus dem 6. und 7. Jahrhundert v. Chr. Im 18. Jahrhundert war der Golm aufgrund des herrlichen Ausblicks ein beliebter Ausflugsort.
Im Jahr 1944 wurde auf dem Golm ein Ehrenfriedhof eingerichtet, auf dem man Piloten, Marinesoldaten und verstorbene Soldaten aus dem Lazarett in Swinemünde bestattete. Bei einem schweren Bombenangriff auf Swinemünde am 12. März 1945 – zu diesem Zeitpunkt hielten sich aufgrund von Flüchtlingsströmen mehr als 100 000 Menschen in der Stadt auf – kamen etwa 4000 bis 5000 Personen ums Leben. Fast alle Opfer wurden anonym in Massengräbern auf dem Golm bestattet, er zählt heute zu den größten Kriegsgräberstätten in Deutschland.
Nach dem Zweiten Weltkrieg kümmerten sich verschiedene Träger und Vereine um die parkähnliche Anlage. 1999 hat der Volksbund Deutsche Kriegsgräberfürsorge e. V. den Erhalt und die Pflege dieser größten Kriegsgräberstätte des Landes Mecklenburg-Vorpommern übernommen. Vor Ort können neben der Gedenkstätte ein Informationsgebäude sowie eine Jugendbegegnungsstätte besucht werden.

Gedenkstätte Golm

ZEITBOMBE OSTSEE

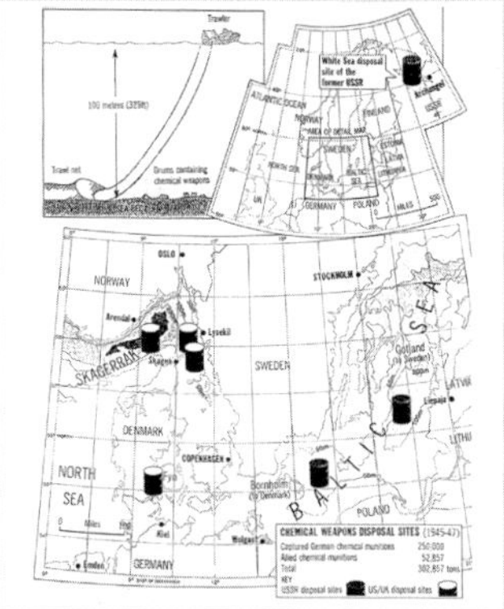

Übersicht über in der Ostsee und im Skagerrak versenkte chemische Waffen 1945 – 1947

Nach dem Zweiten Weltkrieg wurden von den Anrainerstaaten Unmengen Munitionsreste, Sprengstoffe und chemische Munition auf dem Meeresgrund der Nord- und Ostsee versenkt. Seitdem verrotten dort bis zu 100 000 Tonnen hochgiftiger Weltkriegsschrott. Nicht immer wurde der Sondermüll in den dafür vorgesehenen und extra ausgewiesenen Seegebieten verklappt, sondern aus Profitgier der Frachtschiffer einfach an einer beliebigen Stelle in der Ostsee entsorgt, um möglichst schnell wieder neue Fracht an Bord nehmen zu können.

Sprengung eines deutschen Beuteschiffs mit C-Waffen durch die Briten, nach 1945

Aufgefundene Munition wurde in den vergangenen Jahren zumeist vor Ort auf dem Meeresgrund gesprengt, wodurch das natürliche Ökosystem der Ostsee und die Meeresbewohner geschädigt wurden. Daher sollen Roboter zukünftig Munitionsreste bergen und dann an Land einer kontrollierten Entsorgung zuführen.

Seit Ende des Krieges hat man in der Nord- und Ostsee knapp 600 Personenunfälle mit Munitionsüberresten registriert, davon endeten 283 tödlich; die Dunkelziffer dürfte weitaus höher liegen, da es keine Meldepflicht für derartige Unfälle gibt. Doch nicht nur in den Tiefen des Meeres lauert Gefahr. In bestimmten Regionen, wie zum Beispiel am nördlichen Ende der Insel Usedom, werden regelmäßig phosphorhaltige Bestandteile von Brandbomben angeschwemmt und häufig mit Bernstein verwechselt. Sobald der Phosphorklumpen getrocknet ist, entzündet er sich an der Luft selbständig und verbrennt mit einer über 1000 °C heißen Flamme. Zahlreiche Warnschilder weisen deshalb an exponierten Küstenabschnitten im Bereich der Strandzugänge auf die Gefahr hin. In gemeinsamen Programmen koordinieren seit einigen Jahren die Anrainerstaaten Maßnahmen zum Schutz des empfindlichen Ökosystems, zu denen auch die fachgerechte Entsorgung der Munitionsreste der Ostsee gehört.

Eisenbahnhubbrücke Karnin, um 1933

51 Eisenbahnhubbrücke Karnin / Ausstellungs- und Informationscenter Karnin
Dorfstraße 12
17406 Karnin
Mai-September: 10.00-17.00,
Oktober-April:
Do-Mo 10.00-16.00 Uhr

Die Eisenbahnhubbrücke verband das Festland mit der Insel Usedom. Die Brücke über den Peenestrom bei den Ortschaften Karnin und Kamp wurde am 15. September 1933 dem Verkehr übergeben und war Bestandteil der ehemaligen Eisenbahnverbindung zwischen Ducherow und Swinemünde. Bis zum Kriegsende war die Brücke sowohl für den Bädertourismus auf der Insel Usedom als auch für die dortigen militärischen Standorte von großer Bedeutung.
Das Hubteil der Brücke steht seit der Sprengung der massiven Brückenfundamente am 28. April 1945 als Ruine und technisches Denkmal mitten im Peenestrom. Durch die Sprengung der Brücke konnten viele Flüchtlinge, die in Swinemünde anlandeten, nicht mehr per Eisenbahn weiter in das vermeintlich sichere Reich fahren.

Überreste der zerstörten Eisenbahnhubbrücke

»VERGELTUNGSWAFFEN«

Ab 1943 wurde die Überlegenheit der Alliierten an den meisten Fronten immer deutlicher, nicht nur für die Wehrmachtsführung. Auch die deutsche Bevölkerung merkte angesichts der zunehmenden Luftangriffe auf Ziele im gesamten Reichsgebiet, dass die Zeit der schnellen Siege vorbei war. Reichspropagandaminister Joseph Goebbels sah sich gezwungen, immer häufiger auf Durchhalteparolen zurückzugreifen.
Gleichzeitig setzte die politische und militärische Führung auf die Entwicklung neuer Waffentechnologien, um den Kriegsverlauf doch noch zugunsten des »Dritten Reichs« zu wenden. Diese neuen Waffen – Raketen, Flugbomben und Riesengeschütze – waren jedoch nicht in erster Linie zur Bekämpfung der feindlichen Streitkräfte konzipiert, sondern sollten vor allem die gegnerische Zivilbevölkerung terrorisieren und die deutsche Antwort auf die alliierten Bombardierungen deutscher Städte sein. Bezeichnenderweise nannte man sie denn auch »Vergeltungswaffen«. Von der nationalsozialistischen Propaganda als »Wunderwaffen« gepriesen, sollten sie zugleich die Moral der deutschen Bevölkerung stärken, sie auf den »Endsieg« hoffen lassen und sie zugleich auf den »totalen Krieg« vorbereiten.

Als erste Vergeltungswaffe **(V 1)** wurde die **Flügelbombe Fi 103** entwickelt. Sie war das erste unbemannte und sprengstoffbeladene Flugzeug der Welt. Es wurde ab 1942 auf der Insel Usedom bei Peenemünde und Zempin getestet und zur Serienreife gebracht. Bei einer Reichweite von 250 bis 280 Kilometern und einer Fluggeschwindigkeit von knapp 630 Stundenkilometern konnte die Flügelbombe einen Gefechtskopf von 850 Kilogramm in das feindliche Ziel bringen. Verschossen wurde die V 1 von vorher angelegten und befestigten Abschussrampen am Boden; ab Mitte 1944 konnte die Flügelbombe dann auch aus entsprechend ausgestatteten Flugzeugen heraus gestartet werden. Aufgrund der sehr geringen Treffgenauigkeit – sie lag im Umkreis von zwölf Kilometern – war die Bekämpfung eines bestimmten Ziels durch einen Flugkörper nicht möglich. Daher setzte man auf den Abschuss von mehreren Flügelbomben, die durch ihre große Streuung die gegnerische Bevölkerung in Angst und Schrecken versetzte.
In den frühen Morgenstunden des

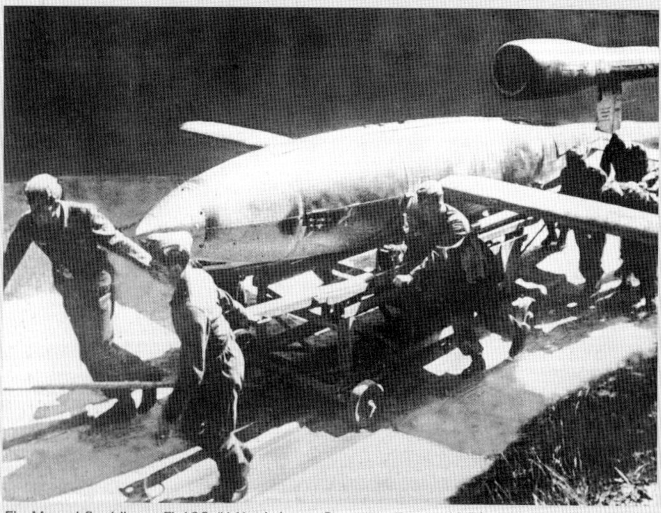

Ein Marschflugkörper Fi 103 (V 1) wird zum Start gerollt, ca. 1944.

Startvorbereitungen für eine A4-Rakete auf dem Testgelände in Peenemünde, 1942

13. Juni 1944 schlug die erste Flügelbombe in London ein. Weitere Angriffe erfolgten sowohl auf London als auch auf Brüssel und Antwerpen, bei denen etwa 20 000 Menschen ums Leben kamen. Durch die geringe Fluggeschwindigkeit gab es eine gewisse Vorwarnzeit für die Bevölkerung bei einem bevorstehenden Angriff. Außerdem konnten die Alliierten über die Hälfte der abgeschossenen Flügelbomben durch die eigene Flak, durch Abfangjäger und Sperrballone aufhalten. Diese Gegenmaßnahmen waren bei der V 2 nicht mehr möglich.

Die **Großrakete A 4**, besser bekannt als Vergeltungswaffe 2 **(V 2)**, schrieb Geschichte. Bei der 14 Meter hohen und 13,5 Tonnen schweren V 2/A 4 handelt es sich um die erste Rakete, die den Weltraum erreichen konnte. Die Reichweite betrug 250 bis 300 Kilometer mit einem Ballast von 1000 Kilogramm Sprengstoff und einer Maximalgeschwindigkeit von etwa 5500 Stundenkilometern (Mach 5). Die V 2/A 4 wurde in Peenemünde zur Serienreife gebracht und zunächst in zwei Produktionshallen hergestellt. Nachdem die alliierte Luftaufklärung auf die Heeresversuchsanstalt Peenemünde samt Produktionswerk aufmerksam geworden war, flogen britische Bomberverbände in der Nacht vom 17. zum 18. August 1943 verheerende Luftangriffe auf Peenemünde (»Operation Hydra«), die das gesamte Versuchsgelände zerstörten. Danach verlagerte man die Serienproduktion der V 2/A 4 in das unterirdische KZ-Werk Mittelbau-Dora bei Nordhausen im Harz, wo Zwangsarbeiter des Außenlagers des KZ-Buchenwald unter Tage und unter verheerenden Bedingungen die Rakete produzieren mussten. Während des Zweiten Weltkriegs wurden ab dem 6. September 1944

Hochdruckpumpe V3, vermutlich auf dem Versuchsgelände auf der Insel Wolin nahe Misdroy, ca. 1944

rund 3200 Raketen abgeschossen, vornehmlich auf englische und belgische Städte. Bei der V2 gab es aufgrund ihrer Überschallgeschwindigkeit und der Möglichkeit, sie von modifizierten Wehrmachtsfahrzeugen aus zu starten, keine ausreichende Vorwarnzeit für die gegnerische Bevölkerung. An der Kanalküste wurden im besetzten Frankreich mehrere massive Bunkeranlagen bereits ab 1943 errichtet, aus denen die fertig in Mittelbau-Dora montierten, aber noch nicht betankten Raketen zum Start vorbereitet und abgeschossen werden sollten. Die Anlagen wurden jedoch noch vor der Inbetriebnahme durch alliierte Luftangriffe zerstört.

Mehrere tausend Menschen kamen durch den Einschlag sowie bei der unterirdischen Produktion der V2 in den Stollenanlagen ums Leben. Deutsche Wissenschaftler und geborgene Bauteile der Rakete wurden nach dem Krieg in die jeweiligen Forschungszentren in den Vereinigten Staaten und der Sowjetunion gebracht. Wernher von Braun, der die Entwicklung der V2 in Peenemünde vorangetrieben hatte (→ S. 105), arbeitete nach 1945 als technischer Berater des US-amerikanischen Raketenprogramms und leitete in den Folgejahren wichtige Raketenprogramme der USA. Die Weiterentwicklungen auf Grundlage der V2/A4 ermöglichten nun die Weltraum- und Raketenprogramme in der Sowjetunion und den USA.

Ende 1944 beschäftigte man sich im »Dritten Reich« mit einer Weiterentwicklung der V2/A4, die eine höhere Reichweite aufweisen sollte, um zum Beispiel Ziele in Nordamerika angreifen zu können. Das Projekt mit der Codebezeichnung **A9 – Projekt Amerika** kam allerdings über das Planungsstadium nicht hinaus.

Neben den tatsächlich verfügbaren Vergeltungswaffen V1 und V2 gab es weitere Projekte, die aber über das Entwicklungsstadium nicht hinausgekommen sind. Dazu gehörte die ab 1942 von deutschen Wissenschaftlern entwickelte **Mehrkammerngeschütz Langrohrkanone LRK 15.** Die **V3** oder auch »fleißiges Lieschen« genannte Kanone basierte auf einem simplen Prinzip. An einem Geschützrohr waren mehrere Pulverkammern angeflanscht. Nach dem Abschuss beschleunigten die Ladungen in den Pulverkammern das Geschoss zusätzlich, das nun eine weitaus höhere Reichweite aufwies. So hoffte man, von einer stationären Abschussbasis aus entfernte Ziele unter Dauerbeschuss nehmen zu können. Eine Anlage bei Mimoyecques (Frankreich) mit einer Geschützrohrlänge von 140 Metern, von der aus London direkt beschossen werden sollte, wurde kurz vor der Fertigstellung durch einen alliierten Bombenangriff zerstört.

Die bemannte Version einer V1 wurde als Vergeltungswaffe 4 **(V4)** bezeichnet. Als Tarnname erhielt das Projekt den Namen **Reichenberg-Gerät.** Mit diesen 650 Stundenkilometer schnellen kleinen Flugzeugen sollten Kamikazeeinsätze gegen alliierte Bomberverbände geflogen werden. Doch das Vorhaben wurde nach der Invasion in der Normandie aufgegeben. Die schon knapp 200 fertigen Exemplare der V4 kamen nicht mehr zum Einsatz.

Gerüchte von weiteren »Wunderwaffen« wurden in den letzten Kriegsmonaten von der nationalsozialistischen Propaganda lanciert. Sie erwiesen sich als Schimären, wie auch der tatsächliche Einsatz der V1 und V2 auf das Kriegsgeschehen keinen bedeutenden Einfluss hatte. Gleichwohl waren die von deutschen Wissenschaftlern im Krieg entwickelten Waffen aufgrund der technischen Innovation in vielen Fällen ein Meilenstein in der Entwicklung weiterer ziviler und militärischer Projekte in der ganzen Welt.

Amerikanische Soldaten mit einer erbeuteten V4 in Neu Tramm, April 1945

ÖSTLICHE OSTSEEKÜSTE

Polnische Küste, Region Danzig, Region Kaliningrad, litauische und lettische Küste

POLNISCHE KÜSTE

Bereits im 18. Jahrhundert wurden einige Städte an der Ostseeküste Hinterpommerns mit Festungen und Verteidigungsbauwerken ausgestattet. Nach der »Machtergreifung« der Nationalsozialisten entstanden ab 1933 zwischen Swinemünde und Leba zahlreiche weitere Militär- und Forschungsanlagen, deren Überreste noch heute an der polnischen Ostseeküste zu finden sind.
Mit dem Zweiten Weltkrieg kam Gewalt und Leid in die Region. Flucht und Vertreibung der ehemaligen Bewohner beschäftigen weiterhin Politik und Gesellschaft in Polen und Deutschland.

Flottenschau in Swinemünde, um 1933

1 Engelsburg (Werk III) / Fort Aniola
Erbaut 1854-1858,
erweitert 1870-1880
ul. Jachtowa
72-600 Świnoujście
Mai-Oktober: täglich

Die Ähnlichkeit zum gleichnamigen Bauwerk in Rom brachte dem Werk III – einem von vier großen Forts in Swinemünde – den Namen »Engelsburg« ein. Das Fort mit 24 Kanonenschießständen auf drei Etagen wurde in den Jahren 1854 bis 1858 als Widerlager erbaut und sollte vom westlichen Ufer aus die Swinemündung blockieren und den Hafen schützen. Ein Ausbau der Befestigungsanlage erfolgte in den Jahren 1870 bis 1880, um als Rückzugsort der weiter nördlich liegenden Westbatterie zu dienen.
Während des Zweiten Weltkriegs wurden Radaranlagen auf einem Stahlbetonaufbau des Turmes installiert. Sie dienten der Luftaufklärung und ermöglichten der in der Nähe stationierten Flakeinheit die Zielerfassung. Nach 1945 nutzte eine Einheit der sowjetischen Streitkräfte das Fort als Funkstation. Nach ihrem Abzug und dem Ende der militärischen Nutzung wurde die Festungsanlage zu einem Museum umgebaut.

◄ Das Königsberger Schloss mit Hakenkreuzbeflaggung, vor 1938

Museum im Fort Aniola, der Engelsburg (Werk III)

2 Westbatterie (Werk IV) / Batterie Henningsen / Zachodni Fort

Erbaut 1856-1861, 1878-1881
ul. Jachtowa
72-600 Świnoujście (Swinemünde)
April-Oktober: täglich geöffnet

Das Werk IV (Westbatterie) wurde in zwei Bauabschnitten ab 1856 nördlich des Werks III errichtet. Die Westbatterie war nur über eine 1863 gebaute Festungsbrücke zu erreichen. Als kriegsvorbereitende Maßnahme wurde 1937 das Werk IV baulich erweitert. Die Schulungsbatterie »Henningsen« bezog das Fort mit vier neuen Stellungen und Geschützen des Kalibers 150 Millimeter. Ein massiver mehrstöckiger Leitstand (Bunker) aus Stahlbeton auf dem Gelände diente ab 1941 der optischen Entfernungsmessung.
Nach dem Krieg ebenfalls von den sowjetischen Streitkräften genutzt, kann auch das Werk IV heute besichtigt werden.

Der 1941 errichtete Beobachtungs- und Leitbunker der Westbatterie

Museum im Fort Gerharda, dem ehemaligen Werk II

3 Ostbatterie (Werk II) / Fort Gerharda
Erbaut 1856-1863
ul. Ku Morzu
72-600 Świnoujście (Swinemünde)
Mai-Oktober: täglich geöffnet

Am östlichen Ufer der Swinemündung in den Jahren 1856 bis 1863 errichtet, war das Werk II eines der beiden wichtigsten Forts der Festung Swinemunde. Zur Bewaffnung gehörten vier schwere 21-cm-Geschütze. Die auf zwei Etagen ausgebaute Schanze ist von einem Erdwall umgeben. Das südlich gelegene Werk I wurde beim Ausbau der Swinemünder Hafenanlagen abgerissen.
Während des Zweiten Weltkriegs wurde das Fort von der deutschen Kriegsmarine genutzt. Heute befindet sich darin ein Museum, in dem Szenen des preußischen Militärs nachgespielt werden.

Ausfahrt aus dem ehemaligen U-Boot-Hafen Kaseburg (heute eine Marina)

4 **U-Boot-Hafen Kaseburg / Marina Karsibór**

Erbaut 1943
ul. 1 Maja
72-600 Świnoujście (Swinemünde)

Durch den Auf- und Ausbau von Marinestandorten an der deutschen Ostseeküste entstand ab 1943 südlich von Swinemünde auf der Insel Kaseburg (Karsibór) ein Hafen für U-Boote und Schnellboote der 4. Schulungsflotte der Kriegsmarine aus Stettin. Vom U-Boot-Hafen Kaseburg aus operierten im Zweiten Weltkrieg deutsche U-Boote und Kriegsschiffe gegen Polen, Dänemark, Norwegen und die Sowjetunion. Im Hafen selbst wurden die Kriegsschiffe versorgt, repariert und das Marinepersonal geschult. Einige Gebäude und Fundamente der Baracken sind im nahen Wald noch immer auffindbar. Heute wird der ehemalige Militärhafen als Segel- und Sportboothafen genutzt.

5 **Feuerleitturm Strandbatterie Goeben / Beobachtungsturm**

Erbaut 1938/39
ul. Ku Morzu
72-600 Świnoujście (Swinemünde)

Vom Fort Gerharda führt ein Wanderweg zu alten Bunkern und Befestigungsanlagen aus verschiedenen Epochen. Der Weg ist durch markante Zeichen an Bäumen und Gebäuden ausgeschildert.
Den östlichsten Punkt auf der Wanderroute, etwa 2,5 Kilometer von der Straße entfernt, bildet der ehemalige Feuerleitturm der Strandbatterie

Wegweiser auf dem Wanderweg zu den Bunkeranlagen entlang der Ostseeküste in Polen

Goeben. Dieser massive Beobachtungsbunker wurde für die Feuerleitung der in der Nähe befindlichen Geschütze genutzt. Die drei mächtigen 28-cm-Geschütze der Batterie wurden 1940/41 demontiert und zum Ausbau des Atlantikwalls nach Norwegen transportiert. Dort wurden sie als gleichnamige Batterie wieder aufgebaut.
Nach dem Krieg wurden die Befestigungen vom polnischen und russischen Militär weiter ausgebaut, als Schutz vor Landungen und Angriffen während des Kalten Kriegs.
Der im Jahre 2001 sanierte und ausgebaute Turm dient seitdem als Feuerschutzbeobachtungsturm der Swinemünder Feuerwehr. Sofern er in den Sommermonaten bei entsprechender Waldbrandgefahr besetzt ist, kann man den Turm besteigen und einen herrlichen Ausblick genießen.

Massiver Beobachtungsturm der Batterie Goeben

6 V3-Versuchsaufbauten / Bunkermuseum – Ostseebad Międzyzdroje

Erbaut 1942/43

Wicko, südlich des Ostseebads Międzyzdroje (Misdroy)
Mai–September: Fr–So

Südlich vom Ostseebad Międzyzdroje existieren noch immer die Versuchsaufbauten für das »Mehrkammergeschütz Langrohrkanone LRK 15«, das zu Propagandazwecken Vergeltungswaffe 3 (V3) getauft wurde (→ S. 117). Die Reichweite der Kanone sollte bis zu 160 Kilometer betragen. Ab 1943 begannen die Versuche bei Misdroy in verschiedenen Versuchsaufbauten. Mehrere dieser fertigen Aufbauten sollten im großen Maßstab im besetzten Frankreich errichtet werden, um unter anderem London unter Dauerbeschuss nehmen zu können. Eine im Bau befindliche Anlage in der Nähe von Calais wurde 1944 durch Luftbombardements zerstört.
Außer den Aufbauten in verschiedenen Stellungswinkeln befindet sich direkt an der Straße noch ein massiver Bunker, in dem ein Museum untergebracht ist, das über diese Vergeltungswaffe wie auch über die Kriegshandlungen in der Region informiert.

V3-Museum in der Nähe des Ostseebades Międzyzdroje

Badende Jungen aus den KLV-Lagern an der Ostsee, August 1941

7 Kinderlandverschickungsheim Misdroy / abgerissen

Genutzt 1940–1945
ul. Bohaterów Warszawy
72-500 Miedzyzdroje (Misdroy)

Bereits vor Ausbruch des Zweiten Weltkriegs waren Kinder zu Erholungszwecken für wenige Wochen aus den Großstädten in ländlich gelegenen Erholungsheimen untergebracht worden. Nach dem ersten Kriegsjahr, als Luftangriffe der Alliierten zunahmen, organisierte die Reichsjugendführung eine umfassende Kinderlandverschickung (KLV), um Kinder und Jugendliche fernab von Ballungszentren und Verkehrsknotenpunkten in Sicherheit zu bringen. So entstanden zahlreiche KLV-Lager sowohl im gesamten Reich als auch in vermeintlich sicheren besetzten Ländern wie zum Beispiel Dänemark oder Tschechien. Mehr als zwei Millionen Kinder wurden für mehrere Monate von ihren Familien getrennt. Das Leben in den Lagern war militärisch straff organisiert. Neben schulischem Unterricht und sportlichen Aktivitäten wurden die uniformierten Kinder auch im nationalsozialistischen Sinne erzogen und mussten an Propagandaveranstaltungen oder Wehrübungen teilnehmen.
Das KLV-Lager in Misdroy wurde angesichts der vorrückenden Roten Armee überstürzt aufgelöst. Eigene Transportzüge, mit denen die Kinder zumeist angereist waren, gab es nicht mehr. So schloss sich ein Großteil der Schüler den flüchtenden Menschen aus den Ostgebieten an, die in Swinemünde mit Flüchtlingsschiffen anlandeten, um sich auf das vermeintlich sichere Festland zu retten und sich dann auf eigene Faust zu ihren Familien durchzuschlagen.

8 Marine-Flakschule I Misdroy / Naturparkverwaltung »Weiße Berge«

Erbaut 1937–1939
Janogród / Weißer Berg
72-500 Miedzyzdroje (Misdroy)

Auf den Inseln Usedom und Wollin gab es verschiedene Ausbildungseinrichtungen der Kriegsmarine. So war beispielsweise ab 1937 nördlich des Ostseebades Misdroy die 3. Abteilung der Marine-Flakschule I untergebracht, wo Marineangehörige an leichten Flakgeschützen geschult wurden. Ab 1949 wurde das Areal von der polnischen Armee für eigene Zwecke umgebaut und erweitert.
Seit einigen Jahren ist ein Großteil des Geländes für zivile Zwecke freigegeben; die Naturparkverwaltung »Weiße Berge« und ein Archiv nutzen die Gebäude der ehemaligen Marine-Flakschule. Eine betonierte Ebene, auf der die Ausbildung an den Flakgeschützen erfolgte, ist oberhalb der Steilküste noch immer vorhanden.

Gebäude und Beobachtungsturm der ehemaligen Marine-Flakschule I bei Miedzyzdroje

9 Fliegerhorst Kolberg / stillgelegt

Erbaut 1936 - 1938
ul. Kresowa
78-106 Kołobrzeg (Kolberg)

Neben mehreren Kasernen und einer Torpedoschule entstand ab 1936 östlich der Stadt Kolberg in zweijähriger Bauzeit ein Fliegerhorst der Luftwaffe mit Unterkunftsblöcken, einem Kfz-Park, mehreren flughafentechnischen Gebäuden, Flugzeughallen und zwei parallel verlaufenden Start- und Landebahnen. Bis 1939 waren hier Kampfflugzeuge stationiert. Nach dem Überfall auf Polen wurde der Platz hauptsächlich für Ausbildungszwecke genutzt.

Bei schweren Kämpfen zwischen der Wehrmacht und der Roten Armee um die zur Festung erklärten Stadt wurden zwischen dem 5. und 18. März 1945 etwa 90 Prozent der Gebäude

Flugzeugdeckung auf dem stillgelegten Flugplatz Kołobrzeg

und der städtischen Infrastruktur zerstört. Fast alle Einwohner Kolbergs und hier gestrandete Flüchtlinge hatten zuvor über den Seeweg evakuiert werden können.

Der Flugplatz wurde bis 1992 von den russischen Luftstreitkräften für eigene Zwecke ausgebaut. Der Kasernenbereich ist heute bewohnt, die großen Flugzeughallen werden von Bauunternehmen nachgenutzt. Viele andere Gebäude wurden jedoch sich selbst überlassen und verfallen zusehends. Die nach dem Krieg in Kołobrzeg umbenannte Stadt und die historischen Anlagen wie etwa das Fort Münde sind nach dem Krieg wieder aufgebaut worden.

10 Napola Köslin / Schule für Grenzschutzbeamte

Genutzt 1933 - 1945
ul. Marszałka Józefa Piłsudskiego 92
75-902 Koszalin (Köslin)

Bereits am 15. Juli 1933 wurde in den Gebäuden einer ehemaligen Kadettenschule der preußischen Armee die erste Nationalpolitische Erziehungsanstalt (Napola) im Reichsgau Pommern eröffnet. Eine zweite folgte im September 1941 in Putbus / Rügen (→ S. 94).

Knapp 40 Napolas gab es am Ende des nationalsozialistischen Regimes im gesamten Reich. Mehr als 10 000 Schüler im Alter von 10 bis

18 Jahren erhielten in den Schulen eine nationalsozialistische Eliteausbildung. Zum Ende des Zweiten Weltkriegs wurden die ältesten Jahrgänge in der Wehrmacht oder SS verpflichtet oder meldeten sich freiwillig zum Kriegsdienst.
Heute ist in dem Gebäudekomplex eine Schule für Grenzschutzbeamte untergebracht.

11 Schießplatz Rügenwalde-Bad / Militäranlage

Genutzt 1935 – 1945
ul. Zwyciestwa
76-153 Darłowko (Rügenwalde-Bad)

Während des Ersten Weltkriegs wurde südwestlich des heutigen Seebades Darłowko (bis 1936 Rügenwaldermünde, bis 1945 Rügenwalde-Bad) eine Fliegerstation errichtet, in dessen unmittelbarer Nähe 1935 ein Schießplatz für schwere Artillerie eröffnet wurde. Dort erprobte man Geschütze großer Reichweite, darunter auch das 80-cm-Eisenbahngeschütz »Dora«. Für die unterschiedlichen Schussweiten existierten mehrere Zielgebiete entlang der Ostseeküste in Richtung Usedom. Kurz vor dem Einmarsch der Roten Armee zerstörte die Wehrmacht Teile des Schießplatzes.
Nach dem Ende des Kriegs wurde das Areal zunächst von der sowjetischen Armee genutzt und dann dem polnischen Militär übergeben. Das Gelände ist bis heute Sperrgebiet, doch am Strand sind verschiedene Bunkerreste des Schießplatzes zu besichtigen.
In nahegelegen Darłowo (Rügenwalde) findet einmal im Jahr ein Militärfahrzeugtreffen statt, bei dem auch historische Ereignisse aus dem Zweiten Weltkrieg nachgestellt werden.

12 Raketenerprobungsstelle Leba / Muzeum Wyrzutni Rakiet

Genutzt 1941 – 1945
ul. Do Rabki
84-360 Łeba (Leba)
Saison: Mo – So 10 – 18 Uhr;
Nebensaison auf Anfrage

Im Sommer 1940 traf ein Vorkommando der Firma Rheinmetall-Borsig AG auf der Suche nach einem geeigneten Gelände für eine Raketenerprobungsstelle im Ostseebad Leba ein. Ab November 1941 wurden dann im umgangssprachlich »Klein-Peenemünde« genannten Objekt die ersten Reichweitenversuche mit der knapp 13 Meter langen mehrstufigen Feststoffrakete »Rheinbote« unternommen, die bis zu 230 Kilometer weit flog.

Besuch Adolf Hitlers (vorn links) auf dem Schießplatz Rügenwalde-Bad, 4. April 1943

Hauptgebäude der ehemaligen Napola Köslin

Nachbauten von in Leba getesteten Raketen auf dem Freigelände des dortigen Museums

Da das Projekt keine Priorität besaß, standen die ersten Vorserienmodelle erst im letzten Kriegsjahr zur Verfügung. 220 Raketen wurden im Winter 1944/45 auf Antwerpen an der Westfront abgeschossen, verfehlten ihr Ziel aber wegen einer falschen Berechnung.
Die ab 1943 entwickelte fernsteuerbare Flugabwehrrakete »Rheintochter« wurde ebenfalls in Leba getestet.
Die knapp sechs Meter lange Rakete mit einer maximalen Flughöhe von 14 700 Metern hätte gegen alliierte Bomberverbände eingesetzt werden können, doch die Entwicklungsarbeit wurde nicht forciert, da die Wehrmachtführung ab 1944 zur Bekämpfung von feindlichen Flugzeugen auf in großer Stückzahl zu produzierende Abfangjäger setzte. Anfang 1945 wurde die Raketenerprobungsstelle Leba angesichts der vorrückenden Roten Armee evakuiert.
Zwischen 1963 und 1974 wurden auf dem Schießplatz in Leba polnische Höhenforschungsraketen erprobt, heute befindet sich dort ein Museum inmitten des Nationalparks »Lontzkedüne« auf halbem Weg zur größten Wanderdüne Pommerns. Der Zutritt zu dem Gebiet ist erst nach der Entrichtung einer Eintrittsgebühr für die Pflege und den Schutz des Parks möglich.

REGION DANZIG

Am 15. November 1920 wurde Danzig mit seinen umliegenden Gebieten aufgrund des Versailler Vertrages aus dem Deutschen Reich herausgelöst und in einen eigenständigen Staat umgewandelt, der unter Aufsicht des Völkerbundes stand. Der Status der Freien Stadt Danzig war in der Zwischenkriegszeit, vor allem aber nach der Machtübernahme der Nationalsozialisten im Deutschen Reich, ein ständiges Objekt des Streites. Mit den Überfällen der Wehrmacht auf polnische Hoheitsgebiete in Danzig am 1. September 1939 begann nicht nur der Zweite Weltkrieg, sondern der eine Woche zuvor gewählte »Staatsführer« Albert Forster verfügte am selben Tag den völkerrechtswidrigen Anschluss des gesamten Gebietes an das Reich.

Gedenksteine und Kreuze für die Opfer der Massenexekution im Piasnitzer Wald

13 **Massenexekution im Piasnitzer Wald / Gedenkstätte Piaśnica (Piasnitz)**

Landstraße 218
84-106 Wielka Piaśnica (Piasnitz)

Im Wald nördlich des Dorfes Wielka Piaśnica (Piasnitz) fanden kurz nach dem Überfall auf Polen die ersten systematisch durchgeführten Mordaktionen von einer SS-Sondereinheit statt. Dort wurden bis Ende 1939 knapp 13 000 Personen erschossen und in mehreren Sammelgräbern verscharrt. Die meisten Opfer waren polnische und kaschubische Intellektuelle, internierte deutsche Häftlinge aus Haftanstalten in Pommern und Juden. Unter den Opfern befanden sich auch 1300 physisch und psychisch behinderte Menschen aus der Heil- und Pflegeanstalt Stralsund (→ S. 84). Dort hatte die SS Patienten von verschiedenen Heilanstalten aus Pommern und Brandenburg zusammengeführt und dann in Sammeltransporten nach Piasnitz gebracht, wo sie im Rahmen der Aktion T-4 (→ S. 103) ermordet wurden.

Aus Angst, dass die vorrückende Rote Armee die Massengräber entdecken könnte, sollten die Spuren dieses Verbrechens verwischt werden. Dazu mussten Insassen des KZ Stutthof (→ S. 135) im Spätsommer 1944 die Leichen ausgraben und anschließend vor Ort verbrennen. Nach siebenwöchiger grausamer Arbeit wurden die Häftlinge daraufhin ebenfalls umgebracht.

Gefangene müssen im Wald von Piasnitz ihr eigenes Massengrab ausheben, 1939

Nach dem Krieg wurden die Vorgänge von einem polnischen Komitee vor Ort untersucht und einige wenige Täter verurteilt. Heute erinnern im Wald Hunderte von Gedenksteinen und Kreuzen an die unzähligen Mordopfer.

14 40,6-cm-Batterie »Schleswig-Holstein« / Muzeum Obrony Wybrzeża (MOW)

Gebaut 1939/40
ul. Dworcowa
84-150 Hel
Mai - Juni: 10 - 18 Uhr; Juli - August: 10 - 19 Uhr; September - Oktober: 10 - 16 Uhr; November - März: geschlossen (Gruppen auf Anfrage)

Strategisch günstig auf einer Halbinsel in der Danziger Bucht gelegen, wurde ab Ende 1939 die Batterie »Schleswig-Holstein« mit drei Geschützbunkern, einem Feuerleitturm und mehreren verbunkerten Munitionslagern errichtet. Als Bewaffnung dienten die 1934 von der Firma Krupp für die geplanten, aber nicht gebauten Nachfolger der Bismarck-Klasse entwickelten 40,6-cm-Geschütze. Im Sommer 1941 testete man die Kampffähigkeit der Batterie und feuerte einige Übungsschüsse ab. Doch bereits im darauffolgenden Winter wurden die Geschütze demontiert, um sie im besetzten Frankreich bei Calais in der Batterie »Lindemann« zu installieren, wo sie zusammen mit weiteren Bauten am Atlantikwall dazu beitragen sollten, die Kanalküste vor einer alliierten Invasion zu sichern.
Im Mai 2006 eröffnete in der Geschützbatterie Nummer zwei ein Museum. Die betonierte Stellung und der Feuerleitturm können seitdem besichtigt werden.

15 Torpedoversuchsanstalt Gotenhafen-Hexengrund / Ruine

Erbaut 1940
ul. Zielona
81-197 Gdynia (Gdingen)

Nach dem Ersten Weltkrieg wurde die ehemalige deutsche Stadt Gdingen Polen zugesprochen. Sie hieß nun Gdynia und lag im Korridor zwischen der Reichsgrenze und Ostpreußen. Der polnische Zugang zur Ostsee wurde zu einem großen Militär- und

Massiver Geschützbunker der Batterie »Schleswig-Holstein«

Ruine des ehemaligen Kontroll- und Abschussgebäudes der TVA Gotenhafen-Hexengrund

Museumsschiff »ORP Błyskawica« im Haupthafen in Gdynia

Handelshafen ausgebaut. Nach der Besetzung Polens durch die Wehrmacht wurde die polnische Bevölkerung zwangsumgesiedelt und die Stadt in Gotenhafen umbenannt.
Im Oktober 1940 nahm dort eine Zweigstelle der Torpedoversuchsanstalt (TVA) Eckernförde (→ S. 15) ihre Arbeit auf, wo man unter anderem fernlenkbare und selbststeuernde Torpedos weiterentwickelte und Lufttorpedos testete, die von Flugzeugen abgesetzt werden konnten.
Das nördliche Abschussgebäude wurde nach dem Krieg sich selbst überlassen und verrottet nun 350 Meter vor dem Strand im Meer. Das südliche Gebäude wird noch immer vom polnischen Militär genutzt.

16 Zerstörer »ORP Błyskawica«

Stapellauf 1. Oktober 1936
Aleja Jana Pawła II 1
81-345 Gdynia (Gdingen)
Mai – November: Di – So 10 – 13 und 14 – 17 Uhr

Kurz nach dem am 25. August 1939 unterzeichneten Beistandspakt zwischen Polen und Großbritannien konnten noch vor Beginn des Zweiten Weltkriegs einige Schiffe der polnischen Marine im Rahmen der »Operation Peking« nach England verlegt werden, um sie bei dem sich ankündigenden Konflikt mit der Wehrmacht nicht zu verlieren. Dazu gehörte auch der Zerstörer »ORP Błyskawica«, der sich in den folgenden Jahren zumeist an Patrouillenfahrten und dem Konvoischutz der britischen Royal Navy in der Nordsee und im Atlantik beteiligte, aber auch an aktiven Kämpfen wie beispielsweise während der Landung der Alliierten in der Normandie im Sommer 1944.

Das Schiff wurde nach dem Krieg von der Royal Navy genutzt und 1947 an die polnische Marine übergeben, die es nach einer Überholung und der Anpassung an sowjetische Standards Anfang der 1960er Jahre wieder in den Dienst stellte. 1976 wurde der Zerstörer ausgemustert und kann seitdem besichtigt werden.

17 Kasino-Hotel Zoppot / Grand Hotel Sopot

Erbaut 1924–1927

ul. Powstancow Warszawy 12–14
81-718 Sopot (Zoppot)

Wenige Tage nach dem Überfall auf Polen reisten Adolf Hitler und sein militärischer Stab mit dem Führersonderzug an ausgewählte Orte der ehemaligen oder noch aktiven Front. Vom 19. bis zum 25. September 1939 bezogen sie in Zoppot in unmittelbarer Nähe der Seebrücke das Kasino-Hotel und wandelten es in ein provisorisches »Führerhauptquartier« um. Dauerhafte und später auch bombensichere »Führerhauptquartiere« wie zum Beispiel die Wolfsschanze bei Kętrzyn (Rastenburg) wurden erst ab 1940 errichtet.

In Sichtweite des Hotels lag die Halbinsel Hel, auf der die polnische Armee noch bis zum 1. Oktober 1940 erbitterten Widerstand leistete. In den letzten Kriegsmonaten richtete man im Hotel ein Notlazarett ein.

Nach dem Krieg wurde der Hotelbetrieb wieder aufgenommen und der Komplex in Grand Hotel umbenannt.

18 Munitionslager Danzig-Westerplatte / Denkmal Gdańsk-Westerplatte

Erbaut 1924 - 1939

ul. Majora Henryka Sucharskiego 1
80-601 Gdańsk (Danzig)

1924 wurde dem polnischen Militär vom Völkerbund trotz massiver Widerstände des Danziger Senats gestattet, auf der Halbinsel Westerplatte in der Weichselmündung ein Munitionslager anzulegen, das in den 1930er Jahren mit mehreren Verteidigungsbauwerken

Werbebroschüre für Zoppot, 1930er Jahre; hinten rechts im Bild: das Kasino-Hotel

Die Westerplatte unter Beschuss der »Schleswig-Holstein«, 1. September 1939

ausgebaut wurde und wo dann polnische Infanterieeinheiten dauerhaft stationiert waren.

Am 25. August 1939 lief die »Schleswig-Holstein«, ein zum Kadetten-Schulschiff umgebautes Linienschiff, im Danziger Hafenkanal ein und ankerte vor der Westerplatte. Offiziell hatte sie sich zu einem Freundschaftsbesuch angemeldet. Doch in ihrem Inneren befanden sich neben der Besatzung auch 230 Mann einer Marinestoßtruppkompanie.

Der Überfall war ursprünglich für den 26. August vorgesehen, wurde aber kurzfristig verschoben. Am 31. August erfolgte dann der Angriffsbefehl für den 1. September 1939. Um 4.45 Uhr eröffnete die »Schleswig-Holstein« das Feuer auf die Westerplatte, was zumeist als Beginn des Zweiten Weltkriegs angesehen wird. Trotz massiver Unterstützung durch Sturzkampfbomber gelang es den Deutschen zunächst nicht, die Westerplatte zu erobern. Erst am 7. September gaben die polnischen Verteidiger auf.

Am 9. Oktober 1966 wurde auf dem Areal des ehemaligen polnischen Munitionslagers das 23 Meter hohe und aus 236 Granitblöcken bestehende Denkmal Pomnik Obrońców Wybrzeża

Nach der Einnahme der Westerplatte durchkämmen deutsche Truppen am 8. September 1939 das zerschossene Gelände.

23 Meter hohes »Denkmal für die Verteidiger der Küste« auf der Westerplatte

(Denkmal für die Verteidiger der Küste) offiziell eingeweiht. Die Denkmallandschaft ist frei zugänglich. Zukünftig sollen die Gebäude und Einrichtungen der Westerplatte wieder in der Gestalt aufgebaut werden, die sie Ende August 1939 besaßen.

19 Polnische Post Danzig / Denkmal für die Verteidiger der Polnischen Post

Plac Obrońców Poczty Polskiej 1 - 2
80-838 Gdańsk (Danzig)

Neben dem Munitionslager auf der Westerplatte existierten weitere polnische exterritoriale Objekte auf dem Gebiet des Freistaats Danzig. Dazu gehörte auch das Postgebäude am Heveliusplatz, nachdem Polen 1925 vom Völkerbund das Recht zugesprochen bekommen hatte, ein eigenes Postnetz in Danzig und Umgebung aufzubauen und eigene Postboten beschäftigen zu dürfen. Das Gebäude wurde in den folgenden Jahren heimlich befestigt und mit einem Waffendepot versehen.

Als am 1. September 1939 mit dem Beschuss der Westerplatte durch die »Schleswig-Holstein« (→ S. 131) auch die anderen polnischen Einrichtungen in der Stadt angegriffen wurden, hielten sich in der polnischen Post mehr als 50 Personen auf, die mit leichten Waffen versuchten, das Haus zu ver-

Kampf um das polnische Postamt in Danzig, 1. September 1939

teidigen. Gegen 19 Uhr ergaben sich die Verteidiger nach schweren Kämpfen mit Verlusten auf beiden Seiten. Die ersten beiden, die mit einer weißen Fahne heraustraten, wurden sofort erschossen. Die überlebenden 38 Personen wurden noch im selben Monat von einem Feldgericht als Partisanen bzw. wegen der Zugehörigkeit zu einer illegalen Kampfgruppe zum Tode verurteilt.
1979 wurde auf dem Platz vor der Post ein Denkmal zu Ehren der Verteidiger eingeweiht. Günter Grass hat die Belagerung der Post in seinem Roman »Die Blechtrommel« literarisch verarbeitet.

20 Synagoge Danzig / abgerissen

Erbaut 1885 – 1887
ul. Wojciecha Bogusławskiego 7
80-461 Gdansk (Danzig)

Die größte Synagoge Danzigs wurde am 15. September 1887 offiziell eingeweiht und fasste mehr als 2000 Menschen. Neben Gottesdiensten fanden dort Konzerte und Lesungen mit Rabbinern und Geistlichen aus aller Welt statt. Nach der »Machtergreifung« der Nationalsozialisten im Deutschen Reich wurde auch in Danzig die antisemitische Stimmung aggressiver. Zwei Brandanschläge auf die Synagoge konnten vereitelt werden, da die jüdi-

Vorbereitungen für Abbrucharbeiten an der Danziger Synagoge, 1. Mai 1939

sche Gemeinde Sicherheitskräfte zum Schutz des Gebäudes beschäftigte.
Im August 1938 verwüsteten Nationalsozialisten einige Innenräume des Gotteshauses, woraufhin die restliche Ausstattung inklusive der Bibliothek ins Ausland in Sicherheit gebracht wurde. Viele Danziger Juden verließen kurz darauf ihre Heimat. Im Frühjahr 1939 beschloss der Danziger Senat den Abriss der Synagoge. Am Bauzaun war die Aufschrift zu lesen: »Komm lieber Mai und mache von den Juden uns jetzt frei«.
Heute erinnert weder ein Gedenkstein noch eine Informationstafel an die ehemalige Synagoge.

21 Lager Stutthof / Konzentrationslager Stutthof / Gedenkstätte KZ Stutthof

Genutzt 1939 - 1945
ul. Muzealn
82-110 Sztutowo (Stutthof)
Mai - September: 8 - 18 Uhr;
Oktober - April: 8 - 15 Uhr

Nachdem die Nationalsozialisten auch im Freistaat Danzig immer mehr Zuspruch bekamen, legten sie ab 1936 Namenslisten mit unerwünschten Polen an, die in der Region lebten oder sich dort aufhielten. Bereits im August 1939 wandelte eine SS-Einheit ein ehemaliges Altenpflegeheim knapp 40 Kilometer vor den Toren der Stadt in ein Gefangenenlager um. Das dazugehörige Gelände wurde umzäunt und mit zusätzlichen Baracken versehen. Nach dem Überfall auf Polen am 1. September 1939 wurden zahlreiche polnische Intellektuelle verhaftet und nach Stutthof transportiert.
Nun erfolgte ein weiterer Ausbau des ursprünglichen Sammellagers, das im Oktober 1941 in ein Sonderlager der Gestapo und im Januar 1942 in ein Konzentrationslager umgewandelt wurde. Anfangs für 3500 Personen ausgelegt, erweiterte man das Lagergelände kurze Zeit später auf die

Albert Forster 1902 - 1952

Gauleiter Albert Forster, August 1939

Bereits 1923 trat Albert Forster der NSDAP bei und bekleidete bald mehrere Funktionen in verschiedenen NS-Organisationen. 1930 wurde er zum Leiter des Gaus Danzig ernannt und arbeitete fortan konsequent daran, die politische Macht im Freistaat Danzig zu übernehmen. Dies schaffte er wenige Tage vor Beginn des Zweiten Weltkriegs:
Am 23. August 1939 wurde Forster zum »Staatsführer« der Freien Stadt Danzig gewählt und verfügte noch am Tag des Überfalls auf Polen die Wiedervereinigung Danzigs mit dem Großdeutschen Reich.
Nach der Annexion wurde Forster zum Gauleiter und Reichsstatthalter von Danzig-Westpreußen ernannt und hatte den Ehrgeiz, den Gau als erster Gauleiter »judenfrei« melden zu können. In der Folgezeit brachten NS-Schergen im Gau zwischen 53 000 und 61 000 Personen um, darunter war ein Großteil der ehemaligen jüdischen Bevölkerung. Unzählige andere wurden in das Generalgouvernement vertrieben oder in das KZ Stutthof (→ S. 135) deportiert.
In seinem Fanatismus hielt Forster bis zur buchstäblich letzten Minute an der Verteidigung Danzigs fest und flüchtete erst am 4. Mai 1945 in Richtung Westen. Forster wurde von den Alliierten in Hamburg verhaftet und an polnische Behörden überstellt. Im April 1948 verurteilte der Oberste Polnische Gerichtshof Albert Forster zum Tode. Das Urteil wurde im Februar 1952 vollstreckt.

Gedenkstätte KZ Stutthof

zehnfache Größe mit einer Kapazität für 57 000 Menschen, die in einfachen Holzbaracken untergebracht wurden. 1943 sollte das Lager nochmals ausgebaut werden und 25 000 weitere Insassen aufnehmen, die Arbeiten wurden aber nicht abgeschlossen. Das Ende des Kriegs beendete auch hier die perfiden Pläne der Nationalsozialisten.

Insgesamt waren im KZ Stutthof mehr als 100 000 Menschen inhaftiert, etwa 65 000 verloren dort oder in einem der unzähligen Außenlager ihr Leben.

Im Januar 1945 begann die SS mit der Evakuierung von Stutthof. Die meisten Häftlinge mussten zu Fuß Richtung Westen wandern, aber eine Gruppe von mehr als 7000 KZ-Häftlingen wurde nach Palmnicken (→ S. 145) nordöstlich von Königsberg getrieben, der Großteil der Häftlinge starb auf dem Todesmarsch. Der ursprüngliche Plan, die Überlebenden in Bergstollen der dortigen Bernsteinmine einzumauern, schlug fehl, und so wurden sie in die kalte Ostsee getrieben und erschossen.

Kommandantur des KZ Stutthof, 1941

1962 wurde auf dem ehemaligen KZ-Gelände eine Gedenkstätte eröffnet. Das Lagerareal, die ehemalige Kommandantur, Unterkunfts- und Funktionsbaracken, Sperr- und Wacheinrichtungen, das Krematorium sowie die verschiedenen Mahn- und Gedenkstätten auf dem Gelände können individuell oder in Rahmen von Führungen besichtigt werden.

22 Flüchtlingsdenkmal in Frombork (Frauenburg)

ul. Mikołaja Kopernika
14-530 Frombork (Frauenburg)

Im Winter 1944/45 durften die Bewohner Ostpreußens erst kurz vor dem Einmarsch der Roten Armee ihre Heimat verlassen. Eine eigenmächtige Flucht in Richtung Westen hatte Gauleiter Erich Koch (→ S. 142) unter Androhung hoher Strafen verboten. Die Zivilbevölkerung geriet so zwischen die Fronten. Bei der schließlich im Winter 1944/45 erfolgten Evakuierung von mehr als zwei Millionen Menschen verloren Hunderttausende durch Hunger, Kälte und Krankheit oder durch Angriffe der Roten Armee auf die Flüchtlingstrecks ihr Leben. In unmittelbarer Nähe des Doms im heutigen Frombork (Frauenburg), das direkt am Frischen Haff gelegen ist, wurde 2001 ein Gedenkstein aufgestellt. Er erinnert an die unzähligen Flüchtlinge aus Ostpreußen, für die der Weg über das zugefrorene Haff in den letzten Kriegsmonaten oft die einzige Möglichkeit war, an die Ostseeküste und zu den Flüchtlingsschiffen zu gelangen.

Gedenkstein für die Flüchtlinge in Frombork

REGION KALININGRAD

Ostpreußen mit der Hauptstadt Königsberg wurde nach den Bestimmungen des Versailler Vertrages 1920 vom Deutschen Reich abgetrennt und war seitdem nur noch über den Seeweg oder durch den polnischen Korridor zu erreichen. In der gesamten Region wurden auch nach 1933 zahlreiche militärische Anlagen errichtet. In den letzten Kriegsmonaten fanden erbitterte Kämpfe um Königsberg statt, bis die Militärführung um General Otto Lasch am 9. April 1945 kapitulierte.
Nach dem Zweiten Weltkrieg wurde die Stadt in Kaliningrad umbenannt und das Gebiet in die Sowjetunion eingegliedert.

23 Erprobungsstelle und Fliegerhorst Jesau / stillgelegt

Erbaut 1935 – 1939
Landstraße A 195
238436 Juschny (Jesau)

In Ostpreußen wurden nach der »Machtergreifung« der Nationalsozialisten zahlreiche Flugplätze für die Wehrmacht errichtet, so auch 1937 in Jesau, 25 Kilometer südlich von Königsberg. Dort waren Jagdflugzeuge stationiert, die u. a. während des Polenfeldzuges zum Einsatz kamen. Später wurde der Platz von verschiedenen Ausbildungs- und Einsatzverbänden genutzt.
Im Sommer 1943 waren die Deutschen auf der Suche nach einem geeigneten Ausweichflugplatz für die Erprobungsstelle der Luftwaffe in Peenemünde-West (→ S. 106), da man mit einem baldigen alliierten Bomberangriff auf die dortigen Anlagen rechnete. Bereits im September fand eine Teilverlegung von Peenemünde nach Jesau statt, wo mehrere Versuchsflüge – zum Beispiel mit den mit Raketenantrieb versehenen Flugzeugen vom Typ Me-163 – und Testserien von ferngelenkten Flugkörpern absolviert wurden. Der Erprobungsbetrieb wurde in Jesau bis zum Frühsommer 1944 parallel zu dem in Peenemünde fortgeführt und dann aufgrund der veränderten Lage an der Ostfront wieder zurück auf die Insel Usedom verlegt.
Bereits im Februar 1945 wurde der Fliegerhorst von der Roten Armee übernommen, für die Zwecke der sowjetischen Luftstreitkräfte baulich erweitert und bis 2002 genutzt. Nach dem Abzug des Militärs verfällt die

Einzigartige Flugzeugdeckung auf dem ehemaligen Flugplatz Jesau

Ruine der »Berliner Brücke«

Infrastruktur des ehemaligen Fliegerhorstes. Teile des Kasernenbereiches sind heute bewohnt.

24 Reichsautobahn Berlin – Königsberg

Erbaut 1933 – 1939
Moskovskiy Prospekt / östliche Ringstraße
236039 Kaliningrad (Königsberg)

Als gigantische Arbeitsbeschaffungsmaßnahme propagierten die Nationalsozialisten ab 1933 den Bau von Reichsautobahnen. Hunderttausende Arbeiter waren auf den Baustellen der »Straßen des Führers« beschäftigt. Bis Ende 1943 waren knapp 4000 Kilometer fertiggestellt.
Auch zwischen Berlin und Königsberg und von hier aus weiter bis nach Insterburg war eine Reichsautobahn geplant, die allerdings durch den polnischen Korridor unterbrochen wurde, in dem die Polen den Bau einer Transitstrecke untersagten. Nach dem Baubeginn des Teilstücks Berlin – Stettin am 1. November 1933 folgte der offizielle Spatenstich in der Nähe von Elbląg (Elbing) durch den Gauleiter Ostpreußens Erich Koch (→ S. 142) am 12. Dezember 1933. Einige Abschnitte der in Etappen gebauten Schnellstraße, wie zum Beispiel der zwischen der Reichshauptstadt und Stettin, waren bei Kriegsbeginn fertig.

In der heutigen Region Kaliningrad ist der Zustand der ehemaligen Reichsautobahn auf dem Teilstück vom neuen Grenzübergang Mamonowo II bis nach Kaliningrad noch nahezu derselbe wie zum Ende des Krieges. Und am östlichen Stadtrand Kaliningrads sind die Reste der 1945 gesprengten »Berliner Brücke« noch immer vorhanden, die aber in den kommenden Jahren vollständig beseitigt werden sollen.

25 Neue Synagoge Königsberg / Gedenktafel am ehemaligen jüdischen Waisenhaus

Erbaut 1892 – 1896
ul. Oktjabrskaja 3
236039 Kaliningrad (Königsberg)

Aufgrund einer stark gewachsenen jüdischen Gemeinde existierten in Königsberg zu Beginn des 20. Jahrhunderts drei jüdische Friedhöfe, ein jüdisches Alten- und ein Waisenheim sowie fünf Synagogen. Die größte von ihnen wurde nach Plänen des Berliner Architekturbüros Cremer & Wolffenstein errichtet und am 25. August 1896 gegenüber dem Dom offiziell eingeweiht.
Wegen der zunehmenden Diskriminierung verließen bis Kriegsbeginn zahlreiche jüdische Einwohner Königsberg. 1939 wurden die verbliebenen etwa 1600 Juden gezwungen, in »Juden-

Ehemaliges jüdisches Waisenhaus in Kaliningrad

Ehemaliges Flüchtlingsschiff »Mars«, Teil des Museums des Weltozeans

häuser« umzuziehen. Ab 1942 wurden sie in mehreren Wellen in die Konzentrations- und Vernichtungslager Osteuropas deportiert.

In der Reichspogromnacht vom 9. auf den 10. November 1938 drangen NS-Schergen in die Synagoge ein, zerschlugen das Inventar und steckten das Gebäude in Brand, das völlig zerstört wurde. Die Ruine wurde nach dem Zweiten Weltkrieg vollständig abgetragen.

Direkt neben der Synagoge war in einem Nachbargebäude ein jüdisches Waisenhaus untergebracht, das die Pogromnacht und den Krieg unbeschadet überstand. An der Fassade des Bürohauses erinnert heute eine Gedenktafel an den Holocaust und die Zerstörung der Synagoge.

26 Flüchtlingsschiff »Mars« / Museum des Weltozeans

Stapellauf 1939

ul. Naberezhnaya Petra Velikogo 1
236006 Kaliningrad (Königsberg)
Museum: Mi - So 10 - 18 Uhr

Das 1939 in Bremerhaven vom Stapel gelaufene Frachtschiff »Mars« beschlagnahmte die Kriegsmarine 1942 und setzte es vornehmlich im Ostseeraum für verschiedene Transportaufgaben ein. Bei einem alliierten Luftangriff wurde das Schiff im Dezember 1943 beschädigt, aber einige Monate später wieder seetüchtig gemacht.

In den letzten Kriegsmonaten diente die »Mars« dazu, Menschen aus Ostpreußen zu evakuieren. Sie war am 14. April 1945 das letzte Schiff, das

den eingeschlossenen Hafen Pillau (→ S. 144) mit mehr als 4000 Personen in Richtung Kopenhagen verließ. Ingesamt wurden mit dem ehemaligen Frachtschiff etwa 20 000 Flüchtlinge in Sicherheit gebracht.
Nach dem Krieg nutzte die sowjetische Marine das Schiff zunächst zu Ausbildungszwecken und baute es bis 1949 zum Forschungsschiff »Witjas« um. Nach der Außerdienststellung im Jahr 1979 liegt es seit 1981 als Museumsschiff in Kaliningrad vor Anker.

27 Gefechts- und Befehlsstand Festung Königsberg / Museum Lasch-Bunker

Erbaut 1939
ul. Universitetskaja 2
236006 Kaliningrad (Königsberg)
Mo – So 10 – 17 Uhr

Zwischen der Universität und dem Hotel »Kaliningrad« befindet sich eine im März 1939 angelegte unterirdische Bunkeranlage, die in den letzten Kriegsmonaten dem Festungskommandanten der Stadt Königsberg, General Otto Lasch, und dessen Stab als Hauptquartier diente. Die etwa 30 Meter lange Anlage mit zwei Zugängen an den Stirnseiten umfasst 21 an einem zentralen Gang gelegene Räume. In einem von ihnen unterzeichnete General Lasch am Abend des 9. April 1945 – nach der erbitterten Schlacht um Königsberg und gegen den Befehl Adolf Hitlers, der eine Verteidigung »bis zum letzten Mann« angeordnet hatte – die Kapitulation der Festung. Daraufhin wurde Lasch degradiert und in Abwesenheit zum Tode verurteilt. Er fiel in die Hände der Sowjets, die ihn bis 1955 in einem russischen Arbeitslager internierten. Dann kehrte Lasch mit den sogenannten Amnestietransporten in die Bundesrepublik Deutschland zurück, wo er 1971 verstarb.
Heute kann der Lasch-Bunker besichtigt werden. In mehreren thematisch gegliederten Ausstellungsräumen wird über den Zweiten Weltkrieg und die »Befreiung« der Stadt und Ostpreußens informiert. Der Raum, in dem die Kapitulationsurkunde unterzeichnet wurde, ist originalgetreu rekonstruiert worden.

28 Deutsche Ostmesse Königsberg / Einkaufszentrum

Erbaut 1920
ul. Gorkogo
236006 Kaliningrad (Königsberg)

Nachdem Ostpreußen nach dem Ersten Weltkrieg durch den polnischen Korridor vom Deutschen Reich abgeschnitten war, geriet die Region in wirtschaftliche Schwierigkeiten.

Hauptgang im Lasch-Bunker

Erich Koch 1896 - 1986

Gauleiter Erich Koch, August 1938

Erich Koch trat bereits kurz nach der Gründung der NSDAP 1922 in die Partei ein. 1928 wurde er NSDAP-Gauleiter von Ostpreußen. Nach der Machtübernahme der Nationalsozialisten, der erfolgreichen Bekämpfung der Opposition und der Gleichschaltung der regionalen Verwaltung konnte Koch Ostpreußen als NS-Mustergau präsentieren.
Am 1. September 1941 wurde Koch zum Leiter des Reichskommissariats Ukraine ernannt. In seinem Einflussbereich war er maßgeblich für die Verfolgung und Ermordung der polnischen und ukrainischen Juden verantwortlich.
Koch flüchtete am 24. April 1945 über den Fliegerhorst Pillau-Neutief (→ S. 144) mit einem Flugzeug auf die Halbinsel Hel und von dort mit einem Schiff nach Flensburg. Koch tauchte mit einer neuen Identität nach Ende des Krieges unter, wurde jedoch im Mai 1949 verhaftet und 1950 an Polen ausgeliefert. Nachdem der Prozessauftakt sieben Jahre lang unter anderem durch Krankheit hinausgezögert wurde, verurteilte ein polnisches Gericht Erich Koch 1959 zum Tode. Aus Gesundheitsgründen wurde die Strafe in lebenslänglich umgewandelt.
27 Jahre später verstarb Koch im Alter von 90 Jahren im Gefängnis von Barczewo (Wartenburg) im ehemaligen Ostpreußen.

Zur Belebung der ostpreußischen Wirtschaft organisierte man ab 1920 die Deutsche Messe, die anfangs zweimal im Jahr stattfand. Die erste Ostmesse eröffnete Reichspräsident Friedrich Ebert persönlich.
Auf dem großen Messegelände entstanden in den Folgejahren zahlreiche Zweckbauten. Die bis 1941 abgehaltene Messe entwickelte sich unter dem NS-Regime zur nach Leipzig zweitgrößten internationalen Messe im Deutschen Reich. Hier wurden Industrie- und Konsumgüter auch von Ausstellern aus befreundeten Staaten präsentiert.
Obwohl das Messegelände während des Zweiten Weltkriegs stark zerstört wurde, ist das 1925 errichtete »Haus der Technik« noch heute vorhanden und wurde in den vergangenen Jahren zu einem Konsumtempel umgebaut.

29 Fort III Friedrich Wilhelm I. (Fort Quednau) / Gestapo-Gefängnis / Leerstand

Erbaut 1872 - 1884
ul. Alexandra Nevskogo
236000 Kaliningrad (Königsberg)

Rings um Königsberg wurden zum Ende des 19. Jahrhunderts zahlreiche Festungsbauwerke errichtet. Der äußere Befestigungsgürtel lag etwa 40 Kilometer vom Stadtzentrum entfernt und bestand aus zwölf Forts und vier Zwischenwerken. Eine der größten Anlagen war das Fort III an der Ausfallstraße nach Zelenogradsk (Cranz). Kurz nach der »Machtergreifung« der Nationalsozialisten richtete die Gestapo dort ein Gefängnis ein, wo unter primitivsten Bedingungen bis zu 400 Gegner des NS-Regimes für einige Monate inhaftiert waren. Als man das Lager im Herbst 1933 auflöste, wurden die Inhaftierten entlassen oder in andere Lager überstellt. Mit den zunehmenden alliierten Luftangriffen lagerte man in den Gewölben der Anlage Teile der Prussia-Samm-

Massenkundgebung der NSDAP im Königsberger »Haus der Technik«, April 1932

Rundgang am Eröffnungstag der 27. Deutschen Ostmesse, 20. August 1939;
in heller Uniform vor dem Modell der Stadt Königsberg: Gauleiter Erich Koch

Haupteingang des Fort III, das 1933 als »wildes Konzentrationslager« diente

Ausstellung im Fort V

lung aus dem Königsberger Schloss ein. Zwei Tage vor der Kapitulation der Stadt am 9. April 1945 wurde das Fort von der Roten Armee erobert.
Fort III wurde nach dem Zweiten Weltkrieg bis Ende der 1990er Jahre als Waffenlager der sowjetischen Streitkräfte genutzt und steht seitdem leer.

30 Fort V Friedrich Wilhelm III. / Militärgeschichtliche Sammlung

Erbaut 1872 - 1884
ul. Sovetskiy Prospekt
236000 Kaliningrad (Königsberg)
Di - So 10 - 18 Uhr

An der Ausfallstraße in Richtung Svetlogorsk (Rauschen) befinden sich heute noch die Überreste des Fort V. Die großen Befestigungsbauwerke des äußeren Gürtels waren alle ähnlich aufgebaut: Die 360 Meter mal 180 Meter großen Anlagen waren von einem drei bis fünf Meter tiefen und bis zu 20 Meter breiten Wassergraben umgeben. Unter einer dicken Erdschicht verbarg sich ein komplexes System an Verteidigungsanlagen, Munitionslagern und Unterkunftsbereichen. Bis zu 200 Mann waren in solch einem Fort eingesetzt. Um das Fort V wurde bei der Schlacht um Königsberg erbittert gekämpft.
Nach dem Krieg richtete man in dem Fort eine Sammel- und Vernichtungsstelle für Waffen und Munition ein. Seit einigen Jahren baut man hier ein kleines Museum für Festungswesen und Kriegstechnik auf, und auf dem Weg von der Hauptstraße zum Fort sind verschiedene Waffensysteme ausgestellt. Auf der großen Freifläche vor der Anlage wird vor vielen Zuschauern mehrmals im Jahr die Eroberung des Forts und die »Befreiung« der Stadt Königsberg durch die Rote Armee mit Laiendarstellern nachgespielt.

31 Fliegerhorst Pillau-Neutief / stillgelegt

Erbaut 1935 - 1939
Kosa (Neutief)
23852 Baltiysk (Pillau)

Am nördlichen Ende der Frischen Nehrung wurde ab 1935 der Fliegerhorst Neutief als See- und Landflugplatz errichtet, der bis in den Winter 1944/45 vornehmlich von einer Ausbildungsstaffel und für die Endmontage von Wasserflugzeugen der Blohm & Voss Flugzeugwerke genutzt wurde. Ab Januar 1945 waren in Pillau-Neutief Luftwaffenverbände stationiert, die von hier aus Einsätze bei der Schlacht um Ostpreußen flogen. Sowohl der Fliegerhorst als auch der Hafen Pillau spielten bei der Evakuierung der flüchtenden ostpreußischen Bevölkerung eine wichtige Rolle. Von hier aus brachten Schiffe und Flugzeuge Tausende Menschen in Sicherheit, die über das zugefrorene Haff in die Region gekommen waren. Die Stadt wurde deshalb bis zuletzt gehalten. Kurz nach der Flucht des Gauleiters Erich Koch (→ S. 142) am 24. April 1945 wurde Pillau von der Roten Armee eingenommen.
Nach dem Zweiten Weltkrieg wurde der Flugplatz von der sowjetischen Armee ausgebaut und bis Anfang der 1990er Jahre betrieben. Heute zeugen die Überreste der großen Flugzeughallen und weitere Gebäude von der früheren militärischen Nutzung.

Flüchtlinge auf dem Fliegerhorst Pillau-Neutief vor ihrer Einschiffung, 1945

32 Bernsteingrube Anna / Massaker bei Palmnicken / Holocaust-Denkmal Jantarny
Strandzugang nördlich der Stadt
361020 Jantarny (Palmnicken)

Im Januar 1945 wurden etwa 7000 weibliche Häftlinge aus Nebenlagern des Konzentrationslagers Stutthof (→ S. 135) nach Königsberg und von dort nach Palmnicken getrieben. Nur etwa 3000 von ihnen überstanden den Todesmarsch und erreichten nach rund 200 Kilometern die Ostseeküste. Ursprünglich hatte man vorgehabt, die Häftlinge lebendig in einem Stollen einer seit 1875 bestehenden Bernsteingrube einzumauern. Doch das Vorhaben scheiterte am Widerstand unter anderem des Werksdirektors Helmut Landmann sowie des Güterdirektors und Volkssturmkommandanten Hans Feyerabend. Beide stellten sich mutig gegen das Verbrechen; Feyerabend ließ sogar in der Werksschlosserei, wo viele der Häftlinge zusammengepfercht waren, Essen verteilen. Doch schließlich wurden die Häftlinge in der Nacht zum 31. Januar 1945 von den Aufsehern der SS in die eisige Ostsee getrieben und beschossen. Einige hundert Häftlinge konnten sich im Chaos retten und sich in den umliegenden Dörfern verstecken. Später wurden sie erbarmungslos von der SS, von der Palmnicker Hitlerjugend und

Restaurant und Badestrand in Jantarny – direkt neben dem Massengrab für KZ-Häftlinge

Hauptgebäude des Jagdhauses Pait

einigen hilfswilligen Einwohnern aufgestöbert. Nur 21 Menschen überlebten schließlich das Massaker am Ostseestrand.

Am Ort eines Massengrabes für 300 Personen wurde 1999 ein erster Gedenkstein errichtet. Am Jahrestag der Mordaktion im Jahr 2011 wurde ein Holocaust-Denkmal des israelischen Bildhauers Frank Meisler eingeweiht. Mehrere in den Himmel gestreckte Hände erinnern nun direkt am historischen Ort an das Massaker von Palmnicken.

33 Jagdhaus Pait

Erbaut 1886, um- und ausgebaut 1904, 1934, 2000
238613 Pritschaly

Ab Ende des 19. Jahrhunderts existierte am Fluss Pait in der Elchniederung in der Nähe der Memelmündung eine Försterei. Prominente Gäste wie Kaiser Wilhelm II. frönten in diesem Gebiet, weit abgeschieden von der Zivilisation, ihrer Jagdleidenschaft. Das Gebäude wurde 1904/05 für den Kaiser umfangreich ausgebaut, der bis 1911 mehrfach zu Besuch kam. Auch Hermann Göring, ebenfalls ein begeisterter Jäger und neben seinen weiteren Ämtern noch Reichsforstmeister und Reichsjägermeister, entdeckte die Elchniederung für sich und ließ die Gebäude 1934 beschlagnahmen und für seine Zwecke umbauen und erweitern.

Das Jagdhaus überstand den Zweiten Weltkrieg fast unbeschadet und wurde anschließend zu einem Erholungs- und Unterkunftsobjekt im Jagdgebiet der Angehörigen der Baltischen Rotbannerflotte. Nach dem Abzug der Militärs wurde das Gebäudeensemble zunächst als Pelztierfarm genutzt. Nach Jahren des Leerstandes wurde 2000 das Anwesen der ehemaligen Jagdresidenz wieder aufgebaut und saniert. Eine Stiftung kümmert sich um die Entwicklung und den Erhalt des historischen Ortes. Nach vorheriger Anmeldung kann das Areal besichtigt werden.

LITAUISCHE UND LETTISCHE KÜSTE

Das Gebiet nördlich der Memel wurde im Zweiten Weltkrieg zunächst von der Roten Armee und dann von der Wehrmacht besetzt. Beide Besatzungsmächte hinterließen in den baltischen Staaten Spuren des Schreckens: Die Sowjets deportierten Zehntausende baltische Intellektuelle und Oppositionelle nach Zentralrussland; die Deutschen deportierten Zehntausende baltische Juden in die Konzentrationslager.

Thomas-Mann-Kulturzentrum in Nida

34 Sommerhaus Thomas Mann / Jagdhaus Elchwald / Thomas-Mann-Kulturzentrum

Erbaut 1930
Skruzdynės g. 17
LT-93123 Nida (Nidden)

Anfang des 20. Jahrhunderts etablierte sich in Nidden eine Künstlerkolonie. Auch Thomas Mann zog es zwischen 1929 und 1932 auf die Kurische Nehrung, wo er sich auf dem Schwiegermutterberg ein Sommerhaus mit freiem Blick auf das Haff errichten ließ. Nach Manns Emigration in die Schweiz 1933 und dem »Anschluss« des Memellandes an das Deutsche Reich wurde das bescheidene Haus 1939 von den Nationalsozialisten beschlagnahmt und zu einem weiteren Jagdhaus von Hermann Göring umgebaut. Göring selbst war zwar bis Kriegsbeginn häufiger zur Elchjagd auf der Kurischen Nehrung, doch mit Fertigstellung des Reichsjägerhofes Rominten in Ostpreußen Ende der 1930er Jahre wurde es ruhig um die kleinen Jagdquartiere. So hat der Reichsmarschall das Haus in Nidden selbst nie besucht.

Ab 1967 wurde das während des Zweiten Weltkriegs durch eine Granate beschädigte Gebäude wieder aufgebaut, saniert und für kulturelle Zwecke hergerichtet. Heute befindet sich im ehemaligen Sommerhaus des Schriftstellers das Thomas Mann-Kulturzentrum.

35 Fort Süderspitze / Litauisches Meeresmuseum

Erbaut 1865 – 1871
Smiltynės pl. 3
LT-93100 Klaipėda (Memel)
November – März: Sa – So 10.30 – 17 Uhr; April – Mai und September – Oktober: Mi – So 10.30 – 18 Uhr; Juni – August: Di – So 10.30 – 18 Uhr

Im Zuge des Baus von mehreren Befestigungsanlagen in der Stadt Memel wurde am nördlichen Ende der Kurischen Nehrung ein Fort errichtet. Nach dem Ersten Weltkrieg wohnten

Festungsgraben des ehemaligen Forts Süderspitze

etwa 15 litauische Familien in der alten Festung, andere Teile wurden als Schule genutzt. Nach dem »Anschluss« des Memellandes 1939 wurde die Festung wieder militärisch aufgerüstet. Zum Schutz der Stadt und zur Absicherung der Einfahrt in das Kurische Haff installierte man im Fort Flakgeschütze und -scheinwerfer. In den weitläufigen Kasematten lagerte man Munition auch für die umliegenden Geschützbatterien ein. Beim Abzug der Wehrmacht im Winter 1944/45 wurde das Fort gesprengt und am 30. Januar 1945 von der Roten Armee eingenommen.
Das Fort wurde nach dem Krieg zum Sperrgebiet erklärt und ab 1979 zum Meeresmuseum umgebaut.

36 Theaterplatz Memel

Teatro gatvė
LT-91001 Klaipėda (Memel)

Nach dem Ersten Weltkrieg wurde das Memelgebiet durch die Bestimmungen des Versailler Vertrages von Ostpreußen abgetrennt und unter französische Verwaltung gestellt. Die Abtrennung wurde mit dem hohen litauischsprachigen Bevölkerungsteil in der Region begründet. Im Januar 1923 besetzten rund 1000 bewaffnete Litauer das Gebiet. Die französische Schutzmacht und die Verwaltungsangestellten, die bis dahin für den Aufbau der Region, die Ordnung und die Sicherheit verantwortlich gewesen waren, verließen nach kleineren ge-

Menschenmassen auf dem Theaterplatz in Memel bei einer Ansprache Adolf Hitlers, März 1939

Feuerleitbunker der Batterie »Memel-Nord«

waltsamen Auseinandersetzungen das Land. Die Anerkennung der Annexion durch Litauen erfolgte durch den Völkerbund 1924. Doch nachdem Großbritannien und Frankreich diese Annexion nicht dauerhaft billigten, änderte sich die litauische Außenpolitik in den Folgejahren, und nach der »Machtergreifung« der Nationalsozialisten im Deutschen Reich kam es zu ersten Gesprächen zwischen beiden Regierungen über eine Wiederangliederung des Memellandes an das Deutsche Reich.
Im Winter 1938/39 mehrten sich in der Bevölkerung die prodeutschen Stimmen, die offen die baldige Rückkehr der Region ins Reich forderten. Im März stellte der deutsche Außenminister ein entsprechendes Ultimatum. Nach dem Einmarsch der Wehrmacht in Prag beugte sich die litauische Regierung schließlich dem Druck und verzichtete wenige Tage später am 22. März 1939 auf das Memelgebiet. Adolf Hitler reiste sofort in die Stadt und ließ sich auf dem Balkon des Memeler Stadttheaters am 23. März 1939 von Tausenden begeisterter Menschen feiern. Das war die letzte ohne Krieg erzwungene Gebietserweiterung.
Die Stadt Memel wurde im Zweiten Weltkrieg stark zerstört und nach 1945 unter dem neuen Namen Klaipėda wieder aufgebaut. Das Theater und der Theaterplatz mit der Nachbildung des im Krieg verschwundenen Simon-Dach-Brunnens mit dem Ännchen von Tharau sind noch heute Wahrzeichen der Stadt.

37 Batterie »Memel Nord«

Erbaut 1939 – 1941
Pamario gatvė 11
LT-91001 Klaipėda (Memel)

Im Bereich der Memelmündung und rings um die Stadt Memel wurden nach dem »Anschluss« an das Deutsche Reich mehrere Befestigungsanlagen errichtet. So entstanden ab Sommer 1939 dort sechs Flakbatterien mit je vier 8,8-cm-Flakgeschutzen und zwei Marineküstenbatterien mit je vier 15 cm-Schiffsgeschützen. Eine der größten Anlagen wurde nördlich von Memel direkt am Ostseeufer gebaut. Unterhalb der eigentlichen Stellungen für die Schiffsgeschütze existierte ein knapp 90 Meter langer Bunker mit Munitions- und Lagerräumen sowie einem Mannschafts- und Offiziersbereich. Nach dem Überfall auf die Sowjetunion wurde ein Großteil der Anlagen abgerüstet, um die Geschütze an der Küste bei Leningrad (Sankt Petersburg) zum Einsatz zu bringen. Der markante Bunker des Feuerleitpostens ist heute noch immer vorhan-

Besetztes Baltikum

Die nach dem Ersten Weltkrieg unabhängig gewordenen baltischen Staaten – Litauen, Lettland, Estland – konnten sich nur zwei Jahrzehnte ihrer Souveränität erfreuen. In den geheimen Zusatzprotokollen des im August 1939 geschlossenen Hitler-Stalin-Paktes wurde das Baltikum dem sowjetischen Einflussgebiet zugeschlagen. Nachdem kurz darauf die deutsche Wehrmacht Polen überfallen hatte und sowjetische Truppen wenig später in den polnischen Osten einmarschiert waren, besetzte die Rote Armee im Frühjahr 1940 auch das Baltikum. Im Sommer desselben Jahres verloren die baltischen Staaten ihre Eigenständigkeit und wurden in die Sowjetunion eingegliedert. Die baltische Führungsschicht sowie alle Personen, die gegen den Verlust der Unabhängigkeit opponierten, wurden verhaftet und zumeist in Sammel- oder Arbeitslager in das sowjetische Kernland deportiert. Nach dem Überfall der Wehrmacht auf die Sowjetunion im Juni 1941 eroberten deutsche Truppen das Baltikum und formten daraus das Reichskommissariat Ostland. Die dort ansässige jüdische Bevölkerung wurde anschließend durch Einsatzgruppen erfasst und in Konzentrations- und Vernichtungslager in Osteuropa deportiert.
Nach dem Zweiten Weltkrieg und der Niederlage der Deutschen gehörten die baltischen Staaten wieder zur sowjetischen Interessensphäre und wurden – ebenso wie das ehemalige Ostpreußen – in die Sowjetunion eingegliedert. Erst durch Michail Gorbatschows Perestroika und die anschließenden Revolutionen in einzelnen Teilrepubliken der Sowjetunion erlangten Litauen, Lettland und Estland 1990/91 ihre Unabhängigkeit zurück.

den und diente in den vergangenen Jahren in mehreren Filmen als Kulisse. Baugleiche Anlagen befinden sich auch auf den Inseln im Ärmelkanal. Heute ist in den Teilen des ursprünglichen Geschützbunkers ein Museum untergebracht, das zu unregelmäßigen Öffnungszeiten besucht werden kann.

38 Massenexekution der jüdischen Bevölkerung in Libau / Mahnmal an die Opfer des Krieges

Ronu iela
LV-3401 Liepaja (Libau)

Die Stadt Libau (heute Liepaja) und das sie umgebende Kurland wurden nach dem Ersten Weltkrieg der selbständig gewordenen Republik Lettland zugesprochen. Als im August 1939 der Hitler-Stalin-Pakt geschlossen wurde, legte ein geheimes Zusatzprotokoll die deutschen und sowjetischen Interessengebiete fest. Das Baltikum gehörte zum Einflussbereich der Sowjetunion, die sich Anfang 1940 – nach der Niederwerfung Polens – ihre Beute holte. Nach der Besetzung und der Eingliederung des lettischen Staates in die Sowjetunion im Sommer 1940 wurden mehrere tausend Einwohner (zumeist Intellektuelle und politische Gegner) aus Libau und Umgebung nach Sibirien deportiert. Das war nur der Anfang einer wechselnden Schreckensherrschaft. Eine Woche nach dem Überfall der Wehrmacht auf die Sowjetunion besetzten deutsche Truppen am 29. Juni 1941 die Stadt. In den folgenden Monaten wurde die jüdische Bevölkerung in verschiedene Konzentrationslager in Osteuropa deportiert oder von Einsatzgruppen der Sicherheitspolizei und des SD umgebracht. Bei einer der größten Massenexekutionen in der Region wurden zwischen dem 15. und 17. Dezember 1941 bis zu 5000 Juden in den Dünen von Škede nördlich der Stadt ermordet. Eine Gedenktafel an einer Hausecke in der Nähe des Sportplatzes erin-

Jüdische Frauen und Kinder vor der Erschießung in Libau, 15. Dezember 1941

nerte heute an den Massenmord an der jüdischen Bevölkerung der Stadt und die unzähligen Opfer des Krieges.

39 Festung Liepaja
Erbaut 1890 - 1908
Jātnieku iela
LV-3402 Liepaja (Libau)

Auf Befehl des Zaren Alexander III. wurden in Libau (heute Liepaja) ab 1890 umfangreiche Befestigungsanlagen und ein Militärhafen errichtet. Es entstanden mehrere Festungen, Batterien und unterirdische Munitionslager. Die nördliche Festung wurde von 1896 bis 1902 zur Küstenverteidigung der Stadt erbaut, aber bereits 1908 wieder abgerüstet, ihre Waffen wurden demontiert, zum Teil eingeschmolzen oder für den Aufbau der Festung Kaunas benutzt.
Mit dem Einmarsch der Wehrmacht im Sommer 1941 erfolgte ein teilweiser Wiederaufbau der Festungsanlagen. Mehrere Regelbauten, die von den Festungspionieren in Berlin entwickelt worden waren, wurden innerhalb des Festungsgürtels errichtet. Neben dem Hafen der weiter nördlich gelegenen Stadt Ventspils (Windau) war der von Libau der wichtigste Versorgungshafen der ab dem 20. Oktober 1944 eingeschlossenen Heeresgruppe Nord, die ab Januar 1945 Herresgruppe Kurland hieß.
Die Generalität dieser Heeresgruppe wollte sich zunächst nicht der Gesamtkapitulation der deutschen Streitkräfte anschließen, sondern sich als Freikorps neu aufstellen. Diese Pläne ließ man bald fallen, und so kapitulierte die Heeresgruppe am 9. Mai 1945, einen Tag später als an anderen Frontabschnitten. Bis zuletzt konnte man so eingeschlossene Soldaten und Zivilisten von hier auf dem Seeweg abtransportieren. Trotzdem gerieten im Kurlandkessel knapp 200 000 Angehörige der Wehrmacht in sowjetische Gefangenschaft.
Die Befestigungsanlagen von Liepaja wurden nach dem Zweiten Weltkrieg von der Roten Armee weitergenutzt und ausgebaut. Heute werden in einigen Tunneln und Bunkern Fackelführungen organisiert, oder man kann an einem Spionagespiel mit dem Thema »Flucht aus der UdSSR« teilnehmen.

Zerstörter Bunker der Festung Liepaja

ABBILDUNGSNACHWEIS

Alle aktuellen Fotos, sofern nicht gesondert ausgewiesen, stammen vom Autor.

Lutz Arndt: S. 130 m.
Stefan Büttner: S. 82
Horst Dörn: S. 97
Edelgard und Klaus Feiler: S. 54
Nils Hempel: S. 16 u.
Sven Kaden: S. 108 o., 125 o.
Kurt Köhler: S. 53 u.
Marten Schmidt: S. 86, 87 o.
Christine Vogt-Müller: S. 45 m.
Christopher Volle: Klappe vorn, S. 154/155, 156/157, Klappe hinten
Franz Zadniček: S. 90 o., 91 o.

Archiv der Raytheon Anschütz GmbH, Kiel: S. 26 u., 27 u.
Archiv des Verlages: S. 37 u., 42, 68/69, 89 o.
Bildarchiv Preußischer Kulturbesitz, Berlin: S. 5, 35 m., 52, 80, 126, 132 o., 143 o.
Bildarchiv des Bundesarchivs: Umschlag vorn (134-C0637), S. 4 (183-V00538), 24 o. (146-1984-097-36), 36 (146-1977-047-16), 38 (151-50-45A), 58 m. (183-C0214-0007-013), 59 u. (183-H25224), 70 (141-1879), 90 u. (183-2008-0118-500), 92 (003-018-029), 93 o. (147-1215), 93 u. (003-018-040), 104 (141-1880), 105 r. (146-1978-Anh.024-03), 118 (146-1973-029A-24A), 119 (B0788-42 BSM), 120 (146-1981-147-30A), 121 (141-2733); 124 (183-B04116 / Hoffmann), 132 u. (183-E10718 / Haine), 134 u. (146-1984-007-36A), 135 (183-E09706), 142 (183-H13717), 143 m. (183-E10106), 145 o. (146-1972-093-59), 148 u. (183-E04060), 151 o. (162-02615 / Carl Strott)
Der Baumeister, Heft 5/1941: S. 27 o.
Bundesarchiv Berlin: S. 22 r. (RS / Rasse- und Siedlungshauptamt [ehem. BDC], Alfred Naujocks)
Dokumentations- und Begegnungsstätte Barth e.V.: S. 75 o.
Gedenkstätte Ahrensbök: S. 30
Hansestadt Lübeck: Bereich 5.670.4 – Stadtgrün und Friedhöfe: S. 41 u.
Historisches Archiv zum Tourismus (HAT) am Willy-Scharnow-Institut der Freien Universität Berlin: S. 131
Historisch-Technisches Museum, Peenemünde: S. 106
Imperial War Museum, London: S. 35 o.
Landesmedienzentrum Hamburg: S. 59 o.
Państwowe Muzeum Stutthof w Sztutowie: S. 136 u.
Politische Memoriale e.V. Mecklenburg-Vorpommern, Schwerin: S. 66
Presse- und Informationszentrum Marine, Glücksburg: S. 3 u., 14, 17, 19 o., 33 o., 56, 78
Stadtarchiv Kiel: S. 19 u., 20, 21, 23, 24/25 u., 26 o., 28 o.
Stadtarchiv Rostock: S. 48, 57, 58 o., 62, 63, 65 o.r., 65 u.
Stadtarchiv Sassnitz: S. 88
Stadtarchiv Stralsund: S. 79 u.
Ullstein-Bilderdienst, Berlin: S. 2, 10 m., 22 u., 31, 55, 74, 94, 112, 113, 134 o.
Wehrtechnische Dienststelle 71 Eckernförde: S. 15
Wikimedia Commons: S. 128 (Yarl), S. 129 o. (Dreamcatcher25), S. 137 (Nikater)

Fremdenverkehrsverband: Reichs-Handbuch der Deutschen Fremdenverkehrsorte, Berlin 1938: S. 118
Jahrhundertstory, 3 Bde, Flensburg 1998/99: S. 47 u.
Frank Politz: Zeitbombe Ostsee, Berlin 1994: S. 112

LITERATUR

Barran, Fritz R.: **Pommern. Städte-Atlas,** Würzburg 2005; Bekker, Cajus: **Flucht übers Meer. Ostsee. Deutsches Schicksal 1945,** Eltville 1999; Bode, Volkhard / Kaiser, Gerhard: **Raketenspuren,** 6. Aufl., Berlin 2008;

Bundeszentrale für politische Bildung: **Gedenkstätten für die Opfer des Nationalsozialismus,** 2 Bde., Bonn 1996/2000; Danker, Uwe/Schwabe, Astrid: **Schleswig-Holstein und der Nationalsozialismus,** Neumünster 2008; Diecker, Kurt/Großmann, Horst: **Der Kampf um Ostpreußen,** München 1960; Dittrich, Elke: **Ernst Sagebiel. Leben und Werk 1892 - 1970,** Berlin 2005; Dittrich, Irene u. a.: **Auf den Spuren von Verfolgung und Widerstand 1933 - 45 in Flensburg,** Flensburg 1995; Feiler, Edelgard/Feiler, Klaus: **Die verbotene Halbinsel Wustrow,** 4. Aufl., Berlin 2009; Freundt, Lutz/Büttner, Stefan: **Rote Plätze. Russische Militärflugplätze in Deutschland 1945-1991,** Berlin 2007; Griehl, Manfred: **Luftwaffe '45. Letzte Flüge und Projekte,** Stuttgart 2008; Mallmann-Showell, Jak P.: **Das Buch der Deutschen Kriegsmarine 1935 -1945,** Stuttgart 2009; Mallmann-Showell, Jak P.: **Deutsche U-Boot-Stützpunkte und Bunkeranlagen,** Stuttgart 2003; Paul, Gerhard: **Land unter. Schleswig-Holstein und das Hakenkreuz,** Münster 2001; Rätzke Angelika: **Mythos Tarnewitz,** Boltenhagen 2001; Rostock, Jürgen/Zadniček, Franz: **Paradiesruinen,** 8. Aufl., Berlin 2008; Schmidt, Marten: **Rügens geheime Landzunge,** 3. Aufl., Berlin 2008; Schnatz, Helmut: **Der Luftangriff auf Swinemünde. Dokumentation einer Tragödie,** München 2004; Schön, Heinz: **Rettung über die Ostsee. Die Flucht aus den Ostseehäfen,** Stuttgart 2003; Schubert, Peter: **Geschichte der Luft- und Raumfahrt in Mecklenburg und Vorpommern,** Rostock 1999; Weihsmann, Helmut: **Bauen unterm Hakenkreuz,** Wien 1998; Wiechmann, Günter: **Peenemünde-Karlshagen 1937-1945,** Frankfurt a. M. 2006; Zapf, Jürgen: **Flugplätze der Luftwaffe 1934 - 1945,** Bd. 5 und 6, Zweibrücken 2006/2008.

MARTIN KAULE

Jahrgang 1979, 1999 -2001 Studium zum Informatik-Betriebswirt an der Verwaltungs- und Wirtschaftsakademie Berlin, seit 2001 Fotodokumentation von »Orten der Zeitgeschichte«, seit 2005 Organisation von Exkursionen sowie Studien- und Forschungsreisen durch ganz Europa, seit 2008 Mitarbeiter im Ch. Links Verlag, zuständig für digitale Projekte, 2012 Gründungs- und Vorstandsmitglied des Vereins »Orte der Geschichte«.

DANK

Mein Dank gilt Prof. Dr. Uwe Danker vom Institut für schleswig-holsteinische Zeit- und Regionalgeschichte (Schleswig), Dr. Wolf Karge sowie Dr. Andreas Wagner von der Politische Memoriale e.V. Mecklenburg-Vorpommern (Schwerin) und Uwe Neumärker von der Stiftung Denkmal für die ermordeten Juden Europas (Berlin), die Teile des Buches durchgesehen haben. Danken möchte ich den Mitarbeiterinnen und Mitarbeitern der Stadtarchive und Gedenkstätten, die mich bei der Recherche und bei der Bereitstellung von Fotomaterial unterstützten, sowie meinen Kolleginnen und Kollegen vom Ch. Links Verlag für die professionelle Unterstützung.
Mein größter Dank gilt schließlich meiner Familie, ohne deren Rückhalt und Verständnis dieses Buch nicht entstanden wäre.

Mecklenburger Bucht

0
10
20 km
N
Mecklenburger
Bucht
Ribnitz-
Damgarten
105
26
Rövershagen
Warnemünde
11
12
Heiligendamm
10
25
Bad Doberan
Rostock
110
103
20
103
MECKLENBURG-
VORPOMMERN
19
108
Warnow
103
92
ROSTOCK
Schmarl
13
Toitenwinkel
Gehlsdorf
24
Dierkow
(Neu)
Bramow
14
Reutershagen
15
23
16
17
Hansa-
viertel
Kröpeliner
Tor-Vorstadt
22
21
20
19
18
Zoologischer
Garten
Südstadt
Kassebohm
321
Biestow
Stadtweide

Vorpommern

23
Bug
Hiddensee
Ummanz
Bock
Zingst
5
6
7–10
Barth
11
96
Stralsund
105
4
3
1
2
Ribnitz-
Damgarten
194
96
MECKLENBURG-
VORPOMMERN
20
110
Neubrande
STRALSUND
Klein
Kedingshagen
Knieper
Nord
19
18
Altefähr
21
15
17
20
16
13
12
Dänholm
Grünhufe
22
14
Südhafen

KALININGRAD
(Königsberg)
Lermontovo
Severna gora
Pervomayskiy
Vasil'kovo
Bol'shiye
Maloye
Zelenoye
Bol'shoye Isakovo
Rizhskoye
Oktyabr'skoye
Suvorovo
Rzhevskoye
Komsomol'sye
Moskovskoye
Chaykovskoye
Yuzhnyy
ŚWINOUJŚCIE
(Swinemünde)
Międzyzdrojc
Świnoujście
Wicko
Lubin
Karsibór
Bornholm
(Dänemark)
Łeba
(Leba)
Sassnitz
Rügen
Słupsk
(Stolp)
Darłowo
(Rügenwalde)
Koszalin
(Köslin)
Usedom
Kołobrzeg
(Kolberg)
POLEN
Świnoujście
(Swinemünde)
Szczecinek
(Neustettin)
DEUTSCHLAND

Ostsee
24
96
25
Sassnitz
Prorer
Wiek
26
en
Binz
27
Bergen
auf Rügen
196
28
29
Putbus
Vilm
Greifswalder
Bodden
44
Peenemünde
43
42
Karlshagen
45
46
32
Zempin
47
33
30
31
Greifswald
Wolgast
109
111
Heringsdorf
48
Ahlbeck
Usedom
50
110
49
Peene
Anklam
51
34–37
199
38
39
Ueckermünde
41
40
197
109
20
0
10
20 km
N